edition suhrkamp 2725

Gemälde werden abgehängt, Skulpturen vernichtet, Filmhelden ausradiert: Ein Kulturkampf durchzieht Museen, Kinos und Theater. Sogar ein Gedicht wird übermalt. Droht das Ende der Kunstfreiheit, wie manche sagen? Eine Zensur von unten? Oder ist es höchste Zeit, wie andere meinen, dass die Kulturwelt der #MeToo-Bewegung folgt und mehr Gleichheit einklagt? Hanno Rauterberg zeigt, was sich hinter der Debatte um Moral und Ästhetik verbirgt: Warum wirken Bilder so bedrohlich? Gefährdet politische Korrektheit die Autonomie der Künstler? Und wieso streiten wir gerade heute über diese Fragen? Ein Essay über die wichtigste Kunstdebatte seit Langem, die viel verrät über die Krise des Liberalismus und die neuen Tabus einer sich wandelnden Gesellschaft.

Hanno Rauterberg, geboren 1967, ist Kunsthistoriker und Redakteur im Feuilleton der *Zeit*. In der edition suhrkamp erschien zuletzt *Die Kunst und das gute Leben. Über die Ethik der Ästhetik* (es 2696).

Hanno Rauterberg

Wie frei ist die Kunst?

Der neue Kulturkampf und
die Krise des Liberalismus

Suhrkamp

Klimaneutral
Druckprodukt
ClimatePartner.com/14438-2110-1001

5. Auflage 2024

Erste Auflage 2018
edition suhrkamp 2725
Originalausgabe

Satz: Satz-Offizin Hümmer GmbH, Waldbüttelbrunn
Druck: C. H. Beck, Nördlingen
Umschlag gestaltet nach einem Konzept
von Willy Fleckhaus: Rolf Staudt
Printed in Germany
ISBN 978-3-518-12725-4

www.suhrkamp.de

Inhalt

Einleitung
oder: Wie unfrei ist die Gegenwart?

Die Kunst war immer auch Gegner, ein Hassobjekt, das unbedingt zerstört werden muss. Gleich mehrfach kam ein Teppichmesser zum Einsatz, um die Gemälde von Barnett Newman aufzuschlitzen. Mit einem Hammer ging es gegen den *David* von Michelangelo, mit einem Hackebeil gegen die *Venus vor dem Spiegel* von Diego Velázquez. Sogar Schrotflinten dienen gelegentlich der Kunstvernichtung, so wie bei einer Zeichnung von Leonardo da Vinci, die man aus drei Metern Entfernung beschoss. Das Lieblingsobjekt der Ikonoklasten ist und bleibt aber die *Mona Lisa*: Sie wurde mal mit Säure angegriffen, mal mit roter Farbe, einer warf einen Stein auf das Bild, ein anderer einen Kaffeebecher, erworben im Souvenirshop des Louvre.

Offenbar verspüren manche Menschen das schier unbezähmbare Verlangen, ihre eigene sterbliche Existenz mit der Unsterblichkeit der Kunst zu konfrontieren. Ungezählt sind die Opfer dieser Wut, unüberschaubar die politischen, religiösen, manchmal auch dem Irrsinn geschuldeten Motive der Täter. Diese Täter wähnen sich nicht selten als die eigentlichen Opfer, sie sagen, ästhetische Übermächte hätten sie dazu verführt, einem Porträt die Augen auszustechen oder einer Skulptur den Kopf abzuschlagen. In jedem Fall zeigt sich im Furor der Attacke, welche Macht die vermeintlich ohnmächtige Kunst zu besitzen vermag. Im Augenblick ihrer Auslöschung offenbart sich ihre still gehütete Gewalt.

Allerdings braucht es so weit gar nicht erst zu kommen. In

einer liberalen Gesellschaft, die viel gibt auf ihre Museen, ihre Theater, Kinos und Konzerthäuser, reicht oft schon die angedrohte Vernichtung oder Verdrängung eines Werks, um allgemeines Entsetzen auszulösen – und damit die verblüffende Wirkmächtigkeit der Kunst zu bestätigen. So war es, als ein Gedicht von Eugen Gomringer auf der Fassade einer Berliner Hochschule übermalt werden sollte – und allein dieser Beschluss die höchsten politischen Kreise der Bundesrepublik derart aufbrachte, dass die Kulturstaatsministerin Monika Grütters von einem »erschreckenden Akt der Kulturbarbarei« sprach und der Deutsche Kulturrat vor den »Konsequenzen einer solchen Zensur« warnte.[1] Ähnlich verhielt es sich, als in Manchester vorübergehend ein Nymphen-Bildnis des Präraffaeliten John William Waterhouse abgehängt wurde – und der Kunsthistoriker Horst Bredekamp dies prompt als Indiz dafür verstand, dass die Freiheit der Kunst gefährdet sei: »Uns trennt nurmehr eine papierdünne Wand vor dem, was die ›Entartete Kunst‹ und der gedankliche Rahmen der Säuberung einmal fabriziert haben.«[2]

In beiden Fällen ging es nicht um Teppichmesser oder Säu-

1 Monika Grütters, »Wider die Diktatur des Zeigbaren« (26. Januar 2018), online verfügbar unter: {www.bundesregierung.de/Content/DE/Namensbeitrag/2018/01/2018-01-26-bkm-avenidas.html} (alle Internetquellen Stand April 2018), sowie Der Deutsche Kulturrat, »Debattieren ja, Zensieren nein! Hochschulen in Berlin und Göttingen auf Abwegen« (8. November 2018), online verfügbar unter: {www.kulturrat.de/pressemitteilung/debattieren-ja-zensieren-nein-hochschulen-in-berlin-und-goettingen-auf-abwegen/}.

2 »Der Opportunismus der Moral«, Gespräch mit Horst Bredekamp, in: *Frankfurter Allgemeine Zeitung* (14. Februar 2018), online verfügbar unter: {www.faz.net/aktuell/feuilleton/kunst/horst-bredekamp-im-gespraech-der-opportunismus-der-moral-15447099.html}.

re, nicht um Zensur oder ikonoklastische Zerstörung, es ging lediglich darum, ein Kunstwerk dem öffentlichen Blick zu entziehen. Das Gomringer-Gedicht wurde nicht ausgelöscht und für immer verboten; jeder, der möchte, kann es weiterhin lesen, in gedruckter oder digitaler Form, einzig auf der besagten Berliner Häuserwand nicht. Das Waterhouse-Gemälde musste nur wegen einer institutionskritischen Performance für kurze Zeit ins Depot; nun wird es – nach einer Abwesenheit von wenigen Tagen – wieder in der ständigen Sammlung des Museums in Manchester gezeigt. Die alarmierten Reaktionen mögen somit auf den ersten Blick verwundern. Grütters wie Bredekamp verweisen mit ihrer Wortwahl – »Kulturbarbarei«, »Säuberung« – auf jene kunstfeindlichen Zeiten, als tatsächlich Bücher und Bilder verbrannt wurden, man Künstler verfolgte und die Freiheit der Kunst systematisch zersetzte. Von dieser Art systematischer Auslöschung kann indes in den liberalen Demokratien des Westens keine Rede sein. Wenngleich rechtspopulistische Parteien davon träumen mögen, die Kritik der Künstler unterdrücken zu können, sind doch die rechtlichen Spielräume des Sag- und Darstellbaren nur in Ausnahmefällen eingeschränkt worden. Die Kunstfreiheit genießt in Deutschland als Grundrecht nach wie vor uneingeschränkten Schutz, ja, über die Jahre haben sich die Grenzen des Sag- und Zeigbaren aus Sicht der Gerichte sogar noch ausgeweitet.[3]

Die »Kulturbarbarei«, will man die Diagnose für einen Augenblick gleichwohl ernst nehmen, vollzieht sich offenbar im Rücken des Rechts. Es ist eine »Diktatur«, die inmitten

3 Peter Niesen, »Kunstfreiheit und Kunstzerstörung«, in: Günter Frankenberg und ders. (Hg.), *Bilderverbot, Recht, Ethik und Ästhetik der öffentlichen Darstellung*, Münster 2004, hier S. 166.

der Freiheit erwächst; eine »Säuberung«, die keiner staatlichen Schergen bedarf, um bedrohliche Ausmaße anzunehmen. Diese Zerstörung der Kunst, folgt man Grütters und Bredekamp, muss nicht handgreiflich werden, um ihre destruktive Macht zu entfalten.

»Die Rolle der Bilder«, so hat es der Kunsthistoriker und Medientheoretiker Hans Belting dargelegt, »wird manifestiert in den symbolischen Handlungen, welche Anhänger und Gegner schon immer an ihnen vollzogen, seit man überhaupt Bildwerke errichtete.«[4] Vor allem dieser Symbolcharakter ist es, der die legalistischen Erwägungen und möglichen Einwände der Vernunft in den Hintergrund treten lässt. Sie werden überblendet von dem Gefühl, es stehe etwas weit Grundsätzlicheres auf dem Spiel als das, was sich auf dem Rechtswege einklagen lässt: jene gesellschaftliche Übereinkunft, aus der die Gesetze erst hervorgegangen sind. In Abwandlung des bekannten Diktums von Ernst-Wolfgang Böckenförde ließe sich sagen: Die Kunstfreiheit lebt von Voraussetzungen, die sie selbst nicht garantieren kann.[5] Und die nun, geschützt nur von einer »papierdünnen Wand«, gefährdet scheinen.

In diesem Sinne wäre das Überpinseln eines Gedichts nicht deshalb ein Akt der »Kulturbarbarei«, weil Gomringers Verse damit aus dem kollektiven Gedächtnis gelöscht würden. Vielmehr ist es die »symbolische Handlung«, die viele beunruhigt: Aus dieser Handlung spricht ein gewandeltes Verständ-

4 Hans Belting, *Bild und Kult – eine Geschichte des Bildes vor dem Zeitalter der Kunst*, München 1990, S. 11.

5 Im Original heißt es: »Der freiheitliche, säkularisierte Staat lebt von Voraussetzungen, die er selbst nicht garantieren kann.« Siehe Ernst-Wolfgang Böckenförde, *Staat, Gesellschaft, Freiheit*, Frankfurt a. M. 1976, S. 60.

nis dessen, was die Freiheit der Kunst noch bedeutet und verlangt.

Mit diesem Wandel vor allem will sich dieser Essay befassen. Mit einer Zeit, die unbeschränkter ist denn je – und zugleich das Bedürfnis nach starker Befestigung, nach neuen Grenzen hervortreibt, so dass manche den Eindruck haben, dass »unter dem Begriff der Toleranz Intoleranz gelebt« werde und »unsere Gesellschaft nicht mehr weit von einer Gesinnungsdiktatur entfernt« sei.[6] Wie frei die Kunst denn tatsächlich ist und wie frei sie sein soll, was sie sich herausnehmen darf und welche Rücksichten sie üben muss, um all diese Fragen ist ein Kulturkampf entbrannt, der mit überraschender Schärfe geführt wird und in dem nicht zuletzt die tiefe Krise des Liberalismus zutage tritt.

Nie war die Freiheit der Kunst eine totale Freiheit, das ist bekannt: Sie wird durch andere Rechte begrenzt, wenn es um den Schutz der Jugend oder den Persönlichkeitsschutz geht. Ebenso kennt die Freiheit materielle Grenzen, ein Künstler muss es sich leisten können, seinem freien Schaffen nachzugehen, ungezwungen von finanziellen Nöten. Zudem kommt es vor, dass die Kunst ihre Autonomie freiwillig preisgibt und sich in den Dienst der politischen oder ökonomischen Macht stellt. In solchen Fällen entwirft die freie Kunst ein unfreies Bild ihrer selbst, sie erscheint auf postautonome Weise als befangen.[7]

6 So heißt es in der »Charta 2017«, einer Online-Petition, die von Autoren wie Uwe Tellkamp, Jörg Friedrich oder Vera Lengsfeld unterzeichnet wurde: {www.openpetition.de/petition/online/charta-2017-zu-den-vorkommnissen-auf-der-frankfurter-buchmesse-2017}.

7 Hanno Rauterberg, *Die Kunst und das gute Leben. Über die Ethik der Ästhetik*, Berlin 2015, S. 68ff.

Doch widmet sich dieser Essay nur am Rande diesen juristischen, politischen und ökonomischen Aspekten der Kunstfreiheit, denn in gewisser Weise sind sie nachgeordnet. Sie gewinnen ihr Gewicht erst durch eine ideelle Aufladung der Freiheit. Die Kunst ist frei, weil sie etwas bedeutet. Was diese Bedeutung ausmacht und worin also die Freiheit gründet, musste in der Moderne immer wieder ausgehandelt werden und wird nun, in der Digitalmoderne, auf denkbar grundsätzliche Weise in Zweifel gezogen. Es ist ein Zweifel am Wert der Freiheit, und er macht aus dem Streit um die Kunst einen gesellschaftlichen Konflikt.

Die Frontverläufe dieses Kulturkampfs abzuschreiten ist schon deshalb erhellend: Dort lässt sich besichtigen, wie Ausstellungen verhindert, Theaterstücke abgesetzt, Schauspieler aus Filmen herausgeschnitten werden. Und ebenso wird sichtbar, wie sehr sich das geistige Klima wandelt und das Wertebild der liberalen Gesellschaft in Bewegung gerät. Diese Bewegung verhilft der Kunst zu unerwarteter Brisanz, verwickelt sie in ungewohnte Konflikte und verändert ihren Status.

In der Moderne war es der avantgardistische Impetus, der für Brisanz sorgte: Die Kunst nahm sich die Freiheit, das Bewährte zu überschreiten und sittliche Grenzen zu queren. Ihr Ziel war es, die Grenze zwischen Kunst und Leben zu durchstoßen.[8] Sie war eine Agentin der Öffnung. Nun, in der Digitalmoderne, scheint sich das transgressive Wirken zu erschöpfen. Die entgrenzende Weitung ist zur bestimmenden Bewegungsform der Epoche geworden, so gut wie alle Gewissheiten beginnen sich in ein Post oder Trans umzuformen, ins Postpolitische, Transnationale, Postfaktische, Transkulturelle, Postautonome, Transgenderige, Posthuma-

8 Peter Bürger, *Theorie der Avantgarde*, Frankfurt a. M. 1974, S. 28f.

nistische. Auch das Retroaktive und das Regressive gehörten zur Gegenwart, doch zumeist hat sie sich aufs Queren und Zurücklassen verlegt, nicht auf ein Vorwärtsstreben. Da sich zugleich weite Teile der Welt in Datenwogen verwandeln, die nach Surfern verlangen, nach Menschen, die sich aufs Gleiten verstehen, auf ein Leben in permanenter, sich brechender Veränderung, verändert sich ebenfalls das Freiheitsversprechen der Kunst. Aus einer Agentin der Öffnung, so möchte es dieser Essay zeigen, wird die Emissärin einer abgrenzenden Vergewisserung, für viele Einzelne und mehr noch für etliche Kollektive.

Lange war das Museum ein bewährtes Medium solcher Gemeinschaftshoffnung. Hier, so hieß es, werde auf alle Zeit verwahrt, was nach freier Übereinkunft als wertvoll ausgehandelt worden sei. Dieser hehre, nie eingelöste Anspruch eines Freiheitsraums, in dem die Gesellschaft ein Bild ihrer Ideale ausformen könne, war deshalb so attraktiv, weil er widerstrebende Sehnsüchte zu befrieden wusste: Hier hatte die Einzigartigkeit ihren Ort, das unverwechselbare Kunstwerk, geschaffen vom Künstler-Unikum. Zugleich wurde die Einzigartigkeit, die immer auch eine Überwindung des Tradierten meinte, eingebettet in die große, traditionsgeprägte Erzählung des Museums. So ist hier eine Form von konsensualisierter Konsenserweiterung oder sogar -störung zu bewundern. Das Individuelle wird aufgehoben im Allgemeinen, das Ästhetische im Gesellschaftlichen. Man nannte es Fortschritt.

Die Digitalmoderne, in ihrem Wesen nonlinear, entwickelt eine andere Dynamik. Sie lässt sich als Ermächtigung beschreiben, denn im Museum, das immer ein durchmachteter Ort war, wirken nun Kräfte, die sich in den Foren des Netzes organisieren und über soziale Medien wie Twitter, Facebook oder Instagram rasch ein gewaltiges, ja globales

Echo finden. Bevorzugt über Petitionen artikuliert sich die Dreinrede Einzelner, ein Klicktivismus, der rasch zum Protest der vielen anschwillt und beispielsweise verlangt, ein Künstler solle wegen unsittlichen Verhaltens nicht länger geduldet, ein Bild, das manchen anstößig erscheint, nicht länger gezeigt werden. Man könnte es die Demokratisierung des Museums nennen, allerdings folgt sie nicht allein anderen Bewertungsmustern als bislang, sie setzt tendenziell auch auf den Ausschluss des Störenden. Sie sucht nicht den Konsens, indem sie das Abweichende schätzt und einbettet. Sie sucht den Konsens durch Aussonderung des Abweichenden.

Nun war das Museum in seinem bisherigen Selbstverständnis ebenfalls kein Raum der totalen Inklusion, im Gegenteil. Jede Sammlung muss eine Auswahl treffen, sie will das Bessere vom Guten scheiden und muss dabei notwendigerweise im Bannkreis je aktueller Wertebilder bleiben. Doch trifft sie ihre Auswahl in dem Bestreben, eine Sammlung der Allgemeinverbindlichkeit zu werden. Es ist ein Bestreben, das zwingend scheitern muss, denn das Verbindliche ist dem Wandel und der Neubewertung ebenfalls unterworfen. Aber immerhin, die klassische Moderne zielte auf das Allgemeine und Verbindende, während in der Digitalmoderne ein anderes leitendes Interesse an Bedeutung gewinnt: eine somatische Kunsterfahrung, uneinholbar von semantischen Einwänden. Die Empfindungen des Einzelnen sind das, worauf es ankommt.

Sicher wäre die Kunst nichts ohne den empfindenden Menschen; berührt sie ihn nicht, vermag sie keine Eigenmacht zu entwickeln. Allerdings neigen die Foren des Netzes dazu, statt der Empfindsam- die Empfindlichkeit der Einzelnen zu kultivieren, wodurch sich ohnehin verbreitende »ich-bezogene, tendenziell narzisstische Fühl- und Denkmuster« (Ute Frevert) noch verstärken. Im digitalen Raum finden die Einzelnen zu Affektgemeinschaften zusammen, die sie in ihrer Empfindlichkeit bestätigen. Ein Kunstwerk, das als bedrohlich wahrgenommen wird, kann solche Affektgemeinschaften in ihrem Zusammenhalt stärken und verschafft ihnen ein emotional attraktives Ziel, nämlich die Unterbindung, vielleicht sogar die Zerstörung des Werks. Ein Kampf um Anerkennung und Macht entbrennt, in dem es stets darum geht, die Wirksamkeit der Kunst einzuhegen: Sie soll Rücksicht nehmen auf Partikularinteressen, die sich in ihr oder in Abgrenzung zu ihr definieren.

Für die Kunst ist es eine höchst ungewohnte Konstellation. Bislang war sie selbst das Partikularinteresse, sie verlangte Rücksichtnahme und konnte sich dabei auf ihre Freiheit berufen. Sie nahm sich das Recht heraus, nicht nach gesellschaftlichen, sondern nach ihren eigenen Maßstäben beurteilt zu werden. Und erst dieser idealistische Autonomieanspruch machte sie glaubwürdig, stark und frei. Wenn diese Freiheit bedroht war, dann entweder von Einzelnen, die mit Hammer oder Kaffeebecher ihre persönlichen Phobien am Kunstwerk auslebten, ohne sich dabei von einer Affektgemeinschaft des Netzes getragen zu wissen. Oder aber es waren machtvolle Institutionen, die gegen die Zumutungen der Kunst vorgingen, klerikale Kreise, die blasphemische Äußerungen unterbinden, konservative Parteien, die alles Unsittliche und Unzüchtige verbieten wollten. Dieser Protest trat im Namen der Mehrheit auf, im Namen der Gesellschaft, und damit waren die Fronten klar gezogen. Nun aber sind es nicht Staat und Obrigkeit, die der Kunst strenge Grenzen setzen wollen. Es sind Kräfte, die sich selbst oft als links und progressiv begreifen und über Jahrzehnte für die Liberalisierung der Künste eingetreten waren.

Allein im Reich der freien Ästhetik, davon war man überzeugt, würde sich eine Wahrheit aussprechen, eine Sinnlichkeit ereignen, ohne die utopisches Denken nicht zu haben wäre. Kunst war Aufbruch, Aufbruch war Befreiung, und so hatte die Kunst notwendig schrankenlos zu sein. Dieser Glaubenssatz, von manchen als Dogma verteidigt, von anderen als hohle Phrase belächelt, trug die meisten Künstler der Moderne und rechtfertigt bis in die Gegenwart hinein, dass Museen errichtet, Hochschulen betrieben, Preise ausgelobt werden. Doch durchzieht längst ein Schisma das linksliberale Milieu, über das selten offen debattiert wird und das gerade deshalb ungeahnte Ängste freisetzt.

Die einen halten fest am bewährten Idealismus, dem zufolge die freie Kunst immer auch den befreiten Menschen meine. Andere hingegen bekämpfen den Traum von der Uneingeschränktheit: Im Namen benachteiligter Gruppen verlangen sie eine Zensur von unten. Die Freiheit der Kunst sei stets die Freiheit der Privilegierten gewesen und also müsse sie neuen Regeln unterworfen werden. Wer tatsächlich alle Menschen befreien wolle, so die Überzeugung, dürfe die Unfreiheit der Kunst selbstverständlich in Kauf nehmen.

In den neuen Kulturkämpfen, geprägt von Tribalisierung und Privatisierung, wird nicht wie einst der »gute Geschmack« der Mehrheit oder der »gesunde Menschenverstand« zum Argument, um die Künstler in ihrem Tun einzuschränken. Stattdessen sind es Minderheiten, die sich auf ihre Ängste und unguten Gefühle berufen, um gegen gesellschaftliche Mehrheiten zu opponieren. Nicht das Allgemeine wendet sich gegen das Besondere, das Besondere tritt auf gegen das Allgemeine. Und nicht selten findet sich das Ideal der Kunstfreiheit auf der Mehrheitsseite wieder, verblüfft darüber, von einer Minderheit im Namen eines emanzipatorischen Fortschritts attackiert zu werden. Kunstfreiheit und Fortschritt, dieses feste Bündnis, ist nach dem Schisma zerbrochen.

Für die Anhänger der tradierten Ideale müsste das kein Grund zur Beunruhigung sein. Sie könnten die Interessen der Minderheiten beflissentlich ignorieren und bräuchten sich vor möglicher »Kulturbarbarei« nicht zu fürchten. Es gehört jedoch zu den Eigenarten der Digitalmoderne, dass sie für das Mäßigende und Geregelte nur wenig übrig hat. Eher verstärkt sie eine latente Gereiztheit, und ihre Affektwellen bleiben unvorhersehbar. Mitunter kann die symbolische Tat eines Einzelnen einen globalen Konflikt auslösen, so wie es dem Prediger Terry Jones gelang, als er 2010 ankündigte, in Florida mehrere Koranausgaben verbrennen zu wollen. Er musste kein Feuer entzünden, allein die medial verbreitete Idee reichte aus, um Menschen auf der ganzen Welt derart zu empören, dass am Ende bei Protesten in Afghanistan, Indien und Pakistan mehrere Demonstranten starben.

Ähnliche Entsetzensstürme vermögen die Kulturkämpfer in den Museen, Theatern oder Kinos schwerlich auszulösen, dafür sind die Werke, denen sie sich widmen, in ihrer Bedeutung nicht universal genug. Doch für ein mittleres Beben reicht es allemal. In den Öffentlichkeiten der Digitalmoderne folgen die Debatten nicht länger den Routinen, die sich in den Kulturinstitutionen über Jahrzehnte etabliert hatten. Sie werden unvorhersehbar, alles scheint jederzeit in Zweifel geraten zu können. So entsteht der Eindruck, selbst die bewährten Konsensbastionen könnten unterspült werden – dann nämlich, wenn partikulare Interessen mit deutlichem Anspruch auftreten und die Bastionen schlagartig spüren, dass sie längst auf ungesichertem Grund stehen. Nur deshalb werden die Attacken als bedrohlich, gar totalitär wahrgenommen: Die Einzelinteressen wissen sehr genau, was sie nicht wollen. Was aber das Allgemeine der Kultur sein könnte, wofür die Kunst auftreten will, warum sie Freiheit genießt, ist kaum zu greifen. Ihre Unbestimmtheit wird ihr zum Verhängnis.

In der Postmoderne schien alles möglich, nichts gültig, und in diesem schläfrigen Gefühl der Beliebigkeit hatte man sich eingerichtet. Darin ähnelt die Kunst den liberalen Gesellschaften des Westens, die sich nach 1989, am »Ende der Geschichte« (Francis Fukuyama), als Sieger im Wettbewerb der Systeme wähnen durften. Die Berliner Mauer war gestürzt worden, mit ihr schienen alle Konflikte überwunden: Im entgrenzten Raum der Weltgesellschaft sollte die Freiheit walten und sonst nichts. Wie sich aber zeigte, gebiert die Freiheit ihre eigenen Zwänge und Ausschlüsse und treibt, als wäre das die Rettung vor der Atomisierung, neue Grenzen hervor. Reale Grenzanlagen entstehen, wie die zwischen Indien und Bangladesch oder den USA und Mexiko. Aber auch Versuche einer kulturellen Abstoßung und Ausgrenzung sind vielerorts zu beobachten.

Wenn Fundamentalisten die Buddhas von Bamiyan zerstören oder antike Ruinen in Palmyra sprengen, dann torpedieren sie zugleich die Vorstellung, dass die Menschheit eine gemeinsame, von allen respektierte Geschichte besitze und das materielle Vermächtnis dieser Geschichte bewahrt werden müsse. Diesen Konsens aufzukündigen, die schwärmerische Idee einer alle Unterschiede überspannenden, universell geteilten Wertvorstellung, hat selbstverständlich gravierende Folgen, gravierendere, als sie jeder Kulturkampf um übermalte Gedichte oder abgesagte Ausstellungen haben kann. Allerdings lässt sich das eine Gewaltphänomen nicht grundsätzlich vom anderen trennen, denn obwohl die Mittel der Auseinandersetzung andere sind, wird die Kultur jeweils zum Austragungsort einer außerästhetischen Konfrontation, in dem es fast immer um Identitätsfragen geht, um die Markierung des Eigenen und die Abstoßung des Befremdlichen.

Die Makro- und Mikrokonflikte durchdringen sich nur selten, wie etwa im Fall der umstrittenen Mohammed-Karikaturen. Doch nur im Hallraum der großen, globalen Konflikte, in denen die Kernwerte liberaler Gesellschaften attackiert werden und sich zur »Bedrohung der normativen Ordnung« (Karen Stenner) auswachsen, lässt sich letztlich verstehen, woher die Beunruhigung rührt und warum etliche Beobachter davor warnen, auch Einzelfälle wie das Übermalen eines Gedichts zeugten von erodierenden Freiheitsidealen. Weil die Welt im Großen von tektonischen Verschiebungen bedroht ist, wirken die kleineren Auseinandersetzungen, wirkt das undeklarierte Schisma im linksliberalen Milieu zusätzlich alarmierend.

Der Liberalismus – dieser Eindruck lässt sich leicht gewinnen – gerät auf doppelte Weise in Bedrängnis, von außen und von innen. Und so rührt die Nervosität, jenes verbreitete Gefühl, die Grundfesten der westlichen Gesellschaften gerieten ins Rutschen, nicht zuletzt aus diesem in der Tat beunruhigenden Befund: dass in einem Augenblick, da die Freiheit der Kunst in etlichen Weltteilen bekämpft wird, manche diese Freiheit auch dort infrage stellen und einschränken wollen, wo sie von der Aufklärung einst errungen wurde und eigentlich umso heftiger verteidigt werden müsste.

Was sagt das über die liberale Gesellschaft, über ihr Selbstbewusstsein, ihre Perspektiven? Was heißt es, dass die Zivilreligion namens Kultur, von der viele meinten, sie sei eine ausgleichende Macht, nun diverse Ungleichheiten hervortreten lässt? Mit der Digitalmoderne verwandeln die westlichen Gesellschaften ihren Aggregatzustand, was bislang als formiert galt, löst sich auf ins Informelle, was gesichert schien, wird fluide. Ebenso zeugen die neuen Kulturkämpfe von diesen Auflösungstendenzen – und zugleich von dem Willen, eine Vorstellung vom Unverfügbaren bewahren zu wollen. Mal geht es in den Konflikten darum, wie sich Minderheiten gegen Mehrheiten wehren können und auf welchem Wege sich eine wesenhafte Eigenheit behaupten ließe. Ein anderes Mal ringt die Gegenwart mit ihrer Geschichte, weil frühere Zeiten nicht auf heutige Weise dachten und handelten und ihre Artefakte nun manchen sexistisch, rassistisch oder sonst wie überholt vorkommen, während andere auf einen unerschütterlichen Kanon pochen. Auch der Streit um die politische Korrektheit lässt sich als Grenzscharmützel begreifen, denn das Sag- und Zeigbare soll neu kartografiert werden.

Dieser Essay besichtigt einige dieser Streitfälle, in denen die Kunst zum Medium und Motor gesellschaftlicher Umwälzungen geworden ist. Er will ihre Hintergründe ausleuchten und ihre Motive und Mechanismen begreifen. Er möchte verstehen, was die Kunstdebatten über die Welt verraten und wie die Weltdebatten die Kunst verändern. Wie frei ist sie noch? Wie frei ist die Gegenwart?

Produktion
Der Fall Dana Schutz oder: Wie frei sind die Künstler?

Nein, der Begriff kam ihm nicht über die Lippen. Und doch war das, was der Performancekünstler Frank Uwe Laysiepen, genannt Ulay, im Dezember des Jahres 1976 auf sich nahm, eine Form von kultureller Aneignung. Er hatte sich vorgenommen, ein Gemälde zu stehlen, eines, das schon Adolf Hitler sehr gemocht hatte und das noch immer von vielen Deutschen in Ehren gehalten wurde: *Der arme Poet*, 1839 von Carl Spitzweg gemalt. Das Bild hing in Berlin, in der Neuen Nationalgalerie, dort nahm es Ulay von der Wand und floh auf langen Beinen, verfolgt von mehreren Wärtern. Noch am selben Tag brachte er das Kunstwerk in die Wohnung türkischer Migranten, die man damals Gastarbeiter nannte. Im ärmlichen Kreuzberg schien das Bildnis des ärmlichen Dichters besser aufgehoben zu sein als im Milieu der kunstseligen Bourgeoisie – und so wurde, für einen Augenblick, aus der Aneignung eine Übereignung. Die Kunst hing mitten im Leben.

Wenig später gab Ulay das Gemälde zurück und wurde für seine Performance bestraft, schließlich hätte das kostbare Stück beschädigt werden können. Heute wird die Tat allgemein bewundert, sie gilt als ein im wahrsten Sinne zupackender Akt der Institutionskritik. Ulay machte, heißt es in einem Museumstext, »auf die unsichtbaren Regeln, Restriktionen und Ausschlussmechanismen der klassischen Hochkultur aufmerksam, die verhindern, dass Kunst ihre gesellschaftliche Wirksamkeit entfaltet«. Allerdings melden sich, bei aller Bewunderung, zugleich manche Zweifel, ob die gut gemeinte Aktion nicht vielleicht ein wenig selbstgerecht gewesen sein könnte. »Aus heutiger Sicht«, gibt derselbe Text zu bedenken, »mit einer zunehmenden Sensibilisierung für postkoloniale Theorie, Migrationsthemen und Transkulturalität, erscheint der Einbezug der Familie und ihrer Wohnung als ›Demonstrationsobjekt‹ als nicht ganz unproblematisch.«[1]

Ulay trat auf als der freie Befreier, er hoffte darauf, dass die Kunst auf doppelte Weise den Unterprivilegierten aufhelfen würde. Erstens durch seine Performance: Indem er das Bildnis aus seinem Bildungsbürgerghetto holte, sollte ein öffentliches Licht auf die Enge und Armut der türkischen Berliner fallen. Zweitens durch Spitzwegs Kunstwerk, das Ulay in der Kreuzberger Wohnung an jener Stelle platzierte, an der zuvor eine Reproduktion gehangen hatte, so dass die Bewohner, wenngleich nur für kurze Zeit, ein Stück Hochkultur gegenwärtigen durften. Jedenfalls erfolgte die Begegnung von wahrer Kunst und wahrem Leben nicht ohne missionarischen Hintersinn – und auch nicht ohne gewissen Eigennutz. Ulay dokumentierte den Diebstahl und wurde auch dank dieser Aktion ein bekannter Performancekünstler; von den »Demonstrationsobjekten« ward nicht wieder gehört.

Vierzig Jahre nach der Berliner Aktion ist die Frage nach den Nebenfolgen kultureller Zuneigung und dem richtigen

1 Lisa Beisswanger, »Ulays Diebstahl eines der bekanntesten deutschen Gemälde aus der Neuen Nationalgalerie in Berlin: eine Aktion zwischen Institutionskritik und Medienevent«, in: *Schirn Magazin* (1. November 2016), online verfügbar unter: {www.schirn.de/magazin/kontext/ulay/ulay_carl_spitzweg_neue_nationalgalerie_berlin_kriminelle_beruehrung_kunst/}.

Maß kultureller Aneignung zu einer bestimmenden Debatte im Kunstfeld geworden. Zur Disposition stehen die eingeübten Produktionsweisen vieler Künstler. Die Freiheit des Befreiers ist dabei ebenso umstritten wie die Rolle jener, die gerne darauf verzichten möchten, weiterhin als die Befreiten – passiv, missionierungsbedürftig, dankbar – zu fungieren. Und weil sich die sozialen Unterschiede in manchen Teilen der Welt noch verschärfen und sich deshalb eine erkleckliche Zahl von Künstlern in die Nachfolge Ulays stellt, um die Ungerechtigkeit mit ihren Werken anzukreiden und zu überwinden, ranken sich viele der neuen Kulturkämpfe um die Frage, was eigentlich mehr zählt: die Freiheit derjenigen, die Kunst machen, oder die Souveränität derjenigen, die sich zu Kunst gemacht fühlen, weil sie zu Objekten der Künstler werden.

So hatte Dana Schutz, eine der bekanntesten Künstlerinnen der USA, ein Bild gemalt, das an die Leidens- und Befreiungsgeschichte schwarzer Amerikaner erinnern sollte. Entstanden war es 2016, als die Black-Lives-Matter-Bewegung mit vielen Initiativen gegen wachsende Polizeigewalt und fortwährende Diskriminierung protestierte. Als Vorlage für ihr Gemälde wählte Schutz eine überaus bekannte Fotografie: Sie zeigt den Leichnam eines schwarzen Jungen, Emmett Till, der 1955 mit vierzehn Jahren von zwei weißen Männern in Mississippi zusammengeschlagen und umgebracht worden war. Sie hatten ihn beschuldigt, einer weißen Frau hinterhergepfiffen zu haben. Bei Tills Beisetzung entschied sich seine Mutter dafür, den Sarg nicht zu verschließen: Alle sollten sehen, wie grausam ihr Sohn zugerichtet worden war. Als mahnendes Bild würde ihr Sohn weiterleben. Und tatsächlich galt schon wenig später das Foto des verstümmelten Jungen, durch Magazine verbreitet, als Emblem, viele sagen: als Ikone der schwarzen Bürgerrechtsbewegung. Bis in die Gegenwart ist Tills Tod medial präsent geblieben.

Als Dana Schutz ihr Gemälde 2017 unter dem Titel *Open Casket* in New York ausstellte, auf der Whitney Biennial, stieß es unmittelbar nach der Ausstellungseröffnung auf Ablehnung. Wie ein Bodyguard stellte sich der Künstler Parker Bright vor das Kunstwerk, auf seinem T-Shirt die handgeschriebene Anklage: »Black Death Spectacle«. Der reale Körper des Künstlers und die einiger Mitstreiter sollten die Blicke vom irrealen Körper des getöteten Jungen abhalten, was zunächst zu gelingen schien. Ähnlich wie bei der Ulay-Performance trat hier Kunst gegen Kunst an, die Aufmerksamkeit sollte von einem Gemälde auf das politisch-soziale Anliegen eines Künstlers umgelenkt werden. Rasch wurde Brights Aktion über die sozialen Medien verbreitet, in der Folge allerdings das Gemälde von Dana Schutz so oft publiziert wie kein anderes Kunstwerk der Biennale. Der Versuch einer Überblendung des Bildes durch die Bilder der Performance ging nicht auf.

Dafür entwickelte sich in der Folge ein Kulturkampf, der zwar allein auf verbaler Ebene ausgetragen wurde und doch dazu angetan war, viele Gewissheiten der Kunstwelt, insbesondere ihr Freiheitsverständnis, nicht unerheblich zu erschüttern. Vorangetrieben wurde die Attacke vor allem von der Künstlerin Hannah Black, die aus Manchester stammt, in Berlin lebt und neben ihrer künstlerischen Arbeit regelmäßig für Magazine wie *Frieze* oder *Texte zur Kunst* schreibt. Black hatte, wohl angeregt durch Brights Performance im Whitney Museum, einen offenen Brief verfasst, in dem sie die Kuratoren aufforderte, das umstrittene Kunstwerk zu entfernen. Zudem sprach sie die »dringende Empfehlung«

aus, »das Gemälde zu zerstören«.[2] Blacks Aufruf fand ein gewaltiges Echo, ihr Brief wurde von etlichen Sympathisanten unterzeichnet.

Der Konflikt ist schon deshalb bemerkenswert, weil sich die Kunstwelt in der Postmoderne, also in postheroischen Zeiten, auf die Prinzipien der Kollaboration und stillschweigenden Übereinkunft verständigt hatte. Scharfe Dispute waren eine Seltenheit, und bis zu den Auseinandersetzungen um *Open Casket* hielten es die allermeisten Künstler, Kritiker und Kuratoren für eine Selbstverständlichkeit, dass im Rahmen der Kunst alles von allen gesagt und gezeigt werden dürfe (und offene Kritik durch Lästereien hinter vorgehaltener Hand zu ersetzen seien). Zog es ein Künstler überhaupt in Erwägung, das Werk eines Kollegen zu vernichten, dann nur, solange diese Vernichtung ihrerseits als Kunst zu verstehen war – wie etwa im Fall von Robert Rauschenberg, der 1953 eine Zeichnung von Willem de Kooning ausradierte.

Hannah Black trat nicht als freie Künstlerin auf, ihr Protest war nicht als Performance, nicht als eine Form von künstlerischer Institutionskritik gekennzeichnet. Sie äußerte sich als die Bürgerin Black, die dem Museum das moralische Recht absprach, ein in ihren Augen skandalöses Bild zu zeigen, und zudem Dana Schutz und allen weiteren weißen Künstlern die freie Wahl ihrer Themen untersagen wollte. Ihre zentrale Forderung lautete: Nicht-Schwarze Künstler müssten aufhören, »die Schmerzen Schwarzer als Rohmaterial zu behandeln«.

2 Siehe, auch für die folgenden Zitate von Hannah Black, Lorena Muñoz-Alonso, »Dana Schutz's Painting of Emmett Till at Whitney Biennial Sparks Protest«, in: *artnet* (21. März 2017), online verfügbar: {https://news.artnet.com/art-world/dana-schutz-painting-emmett-till-whitney-biennial-protest-897929}.

Es dürfe nicht länger hingenommen werden, dass »eine weiße Person schwarzes Leiden in Profit und Vergnügen« verwandele.

Also nicht die Art und Weise, wie Schutz den Leichnam gemalt hatte, empörte Black. Sie verurteilte weniger das Gemälde selbst als dessen Funktionalisierung, seine Verwendung für ökonomische und aufmerksamkeitspolitische Zwecke. Ihr wichtigster Vorwurf galt dem Unernst des Museums, von dem es traditionellerweise heißt, hier herrschten eigene Regeln, eben nicht die des Marktes oder des Varietés. Die Kunstwelt, so Blacks Kritik, sei jedoch keineswegs frei und losgelöst von falschen Interessen. Sie sei nicht jener Ort, an dem im Sinne Immanuel Kants ein »interessenloses Wohlgefallen« obwalte oder im Sinne von Jürgen Habermas ein »herrschaftsfreier Diskurs« möglich werde. Auch im Museum regierten »Profit und Vergnügen«.

Der Aufruf, das Gemälde zu zerstören, implizierte daher eine Aufforderung, sich gegen dieses System des Unernstes zu wenden, das tatsächlich in weiten Teilen von Spekulationsfantasien und Selbstdarstellungsgelüsten bestimmt wird. So war im selben Jahr, in dem Dana Schutz ihr Bild in New York zeigte, ebenfalls in New York ein Gemälde versteigert worden, das von Leonardo da Vinci stammen soll und spektakuläre 450,3 Millionen Dollar erzielte. Einen Tag später wurde auch ein Rennwagen von Ferrari angeboten und für 7,5 Millionen Dollar erworben. Für sich genommen mögen diese Rekordsummen vor allem der Ausdruck eines Reichtums sein, der ebenso unbeschränkt ist wie die Bereitschaft, das Geld in symbolische Werte zu übertragen. Doch kulminierte in den Verkäufen, von etlichen Beobachtern als Sensationen gefeiert, eine viel breitere Entwicklung: Seit dem Beginn des Jahrhunderts war aus dem Kunst- ein Investmentfeld geworden, auf dem Wohlhabende noch ungehemmter als an den Börsen spekulieren können. Und nicht wenige Künstler fühlen sich durch die neue Vorherrschaft des Geldes in ihrer Freiheit bedrängt.[3]

In Blacks offenem Brief wird also aus guten Gründen das Marktfieber als Beleg dafür angeführt, dass mit seriöser, aufrichtiger Kunst selbst dann nicht mehr zu rechnen sei, wenn die Künstler ihre Ernsthaftigkeit beteuern. Die Kunst hat ihrer Auffassung nach an Wert verloren, weil dieser Wert primär durch ihren Preis bestimmt wird. Da spielt es keine Rolle, dass Schutz den Verkauf von *Open Casket* dezidiert ausschloss. Zu sehr scheinen Werk und Wirkung von jener Geld- und Starideologie überblendet zu werden, ohne die auch die Karriere von Dana Schutz nicht die wäre, die sie ist. Wenngleich ihre Bilder auf Auktionen bislang vergleichsweise erschwinglich bleiben, mit Preisen zwischen 200 000 und 300 000 Dollar, musste es Black doppelt attraktiv vorkommen, die Zerstörung eines solchen Werks zu empfehlen: als eine Form von Kunst- als auch Geldvernichtung. Getroffen wurde das in ihrer Wahrnehmung unfreie Werk, die unfreie Künstlerin, aber ebenso jene monetäre Anerkennungsmaschine, die der Kunst ihre Bedeutung zuträgt, indem sie ihr die Freiheit raubt.

Black ging allerdings noch weiter, ihr ikonoklastischer Impetus wollte weit mehr abräumen als nur ein einziges Bildnis. Sie griff dafür jenes Denken auf, eine Ideologie der »Siegerkunst« (Wolfgang Ullrich), der zufolge die Bedeutung der Kunstwerke vor allem in ihrem Besitz begründet liegt, und wendete dieses Besitzdenken in die Ideenwelt. Black wollte

3 Hanno Rauterberg, *Und das ist Kunst?! Eine Qualitätsprüfung*, Frankfurt a. M. 2007, S. 42 ff.

eine Art immaterielle Enteignung verfügen, indem sie Schutz und mit ihr allen weißen Künstlern untersagte, sich bestimmten Themen zu widmen. Das Sujet – in diesem Fall der Lynchmord an Emmett Till – gehöre Schutz nicht: »The subject matter is not Schutz's.« Black begründete dies mit einem konkreten und einem allgemeinen Argument.

Konkret erinnerte sie an Tills Mutter, die ihren Sohn »den schwarzen Menschen als eine Inspiration und Warnung zur Verfügung stellte«. Alle, die nicht schwarz seien, müssten akzeptieren, »dass sie diese Geste nie verinnerlichen und verstehen könnten«. Wer aber kein Verständnis aufbringen könne, besitze auch kein Anrecht, eine ästhetische Auseinandersetzung mit der schwarzen Leidensgeschichte zu versuchen. Jeder Ausdruck von Mitleid oder Einfühlung sei von vornherein verfehlt. Ähnlich argumentierte Parker Bright, der sich vor dem Gemälde aufgebaut hatte: Schutz »besitzt nicht das Privileg, für schwarze Menschen zu sprechen oder für Emmett Tills Familie«.[4]

Diese Vorstellung eines Repräsentationsmonopols mag aus persönlichen Erfahrungen hervorgegangen sein. Wollte man das Argument, das Black und Bright vortrugen, jedoch verallgemeinern, wäre es für die künstlerische Produktion eine Zäsur, die schärfer kaum sein könnte. Seitdem Menschen mit Kunst befasst sind, ging es stets auch darum, sich in andere Menschen, andere Zeiten hineindenken zu wollen. Die Freiheit der Kunst wurde gerühmt, weil sie es erlaubte, ja verlang-

4 Zitiert nach Caitlin Gibson, »A White Artist Responds to the Outcry Over her Controversial Emmett Till Painting«, in: *The Washington Post* (23. März 2017), online verfügbar unter: {https://www.washingtonpost.com/news/arts-and-entertainment/wp/2017/03/23/dana-schutz-responds-to-outcry-over-her-controversial-emmett-till-painting/?utm_term=.2e9dc25b2897}.

te, den Horizont der eigenen Erfahrungen hinter sich zu lassen. Auch Dana Schutz darf man in diesem Sinne unterstellen, dass sie den antirassistischen Kampf nicht allein schwarzen Aktivisten überlassen wollte und ihr Gemälde als eine Manifestation der Einfühlung und Solidarität, ja als Appell verstand, alle Amerikaner sollten ihrer jüngeren Gewaltgeschichte gedenken. Im Freiraum der Kunst, so die Hoffnung, würde sich die gesellschaftliche Trennung in Schwarz und Weiß reflektieren und womöglich aufheben lassen. Doch erschien der Kritikerin Black eine solche Geste unstatthaft. Jeder Versuch der Empathie wurde als Anmaßung zurückgewiesen. Sie erblickte in der Kunst nicht den Freiheitsraum, als der sie in der Moderne begriffen worden war. Sie plädierte für ethische und ethnische Grenzen.

Folgte man diesem Plädoyer und würde es über den Einzelfall hinaus verallgemeinern, wären die Konsequenzen für die Kunstwelt bedrohlich: Ein jeder würde auf seine Herkunft, sein Geschlecht, seine Hautfarbe zurückgeworfen, und die Kunst würde die Vorstellungen der eigenen Identität nicht weiten, sondern bestärken. Es wäre eine von neuen Reservaten durchzogene Kunst, in der es kaum mehr möglich schiene, dass ein Christ sich anmaßt, über das Seelenleben eines Muslims zu befinden, dass ein Türke sich mit kurdischer Kultur befasst oder ein Israeli etwas über das palästinensische Leid zu sagen wüsste. So wie sich Black gegen Schutz mit dem Argument wehrte, Weißen bliebe es verschlossen, die Leidenserfahrung von Schwarzen nachzuempfinden, so könnte auch jede andere diskriminierte Gruppe ein Ausdrucks- und Zugriffsverbot verlangen, um sich gegen symbolpolitische Ausbeutung zu wehren.

Hätte Black ihren offenen Brief als Performance verstanden und ihn als solche deklariert, wäre seine Bedeutung eine andere gewesen. Dann hätte man ihre Intervention als einen Akt der Aufklärung werten können: Einem weißen Publikum wäre vorgeführt worden, was es heißt, sich zu bestimmten Dingen nicht äußern zu dürfen. Eine Erfahrung der unfreien Freiheit, die Afroamerikaner auch lange nach dem Ende der Versklavung machen mussten, wäre für alle greifbar geworden.

Doch Black ging es ums Grundsätzliche: Sie brach mit der Vorstellung, dass die Kunst einen universalistischen Freiraum öffnet, in dem alles von allen gedacht und erprobt werden darf. Zu diesem Universalismus gehört, dass sich im Reich der Ästhetik zitatweise alle bei allen bedienen dürfen, weil es zwar Urheberrechte, aber keine ewig gültigen Besitzansprüche an Stilmitteln und Formerfindungen gibt. Wie brüchig diese Übereinkunft allerdings ist, zeigte bereits die Reaktion von Dana Schutz auf die Attacken. Sie verteidigte nicht ihre Kunst im engeren Sinne, nicht die Art und Weise, wie sie den toten Emmett Till malerisch mit starken Farben und wühlender Faktur ins Werk gesetzt hatte. Stattdessen folgte sie dem von Black vorgegebenen identitätspolitischen Argumentationsstrang: »Ich weiß nicht, was es heißt, in Amerika schwarz zu sein«, räumte sie ein, »aber ich weiß, wie es ist, eine Mutter zu sein.«[5] Als solche sei es ihr möglich gewesen, sich in das unfassliche Leiden von Mamie Till, die ihren Sohn verloren hatte, einzufühlen. Die Kunst könne »ein Raum der Empathie sein, ein Vehikel für Verbindungen«. In den sozialen Me-

5 Randy Kennedy, »White Artist's Painting of Emmett Till at Whitney Biennial Draws Protests«, in: *The New York Times* (21. März 2017), online verfügbar unter: {https://www.nytimes.com/2017/03/21/arts/design/painting-of-emmett-till-at-whitney-biennial-draws-protests.html}.

dien wurde diese Auffassung umgehend kritisiert, etwa von der Künstlerin Aria Dean: »Es ist gewalttätig«, schrieb sie auf Facebook, »weiße Mutterschaft gleichzusetzen mit schwarzer Mutterschaft und der Furcht, die mit den beiden jeweils einhergeht.«[6]

Nun hätte sich Dana Schutz ebenso gut auf die Freiheit der Kunst oder die Meinungsfreiheit berufen können, um die Angriffe auf ihr Bild abzuwehren und ihr Recht zu verdeutlichen, auch als weiße Künstlerin ein wichtiges Zeugnis des schwarzen Widerstands auf ihre Weise interpretieren zu dürfen. Allerdings hatte Black, gewissermaßen vorbeugend, einen solchen Verweis auf die künstlerische Freiheit bereits zurückgewiesen. In dem offenen Brief lautet ihr zweites, ihr ins Grundsätzliche zielendes Argument dafür, warum das Sujet des toten Jungen keinem weißen Künstler zuzugestehen sei: »Weiße Meinungsfreiheit und weiße schöpferische Freiheit gründen auf der Beschränkung anderer und sind keine natürlichen Rechte.« Weil also die Freiheit auf Kosten anderer gelebt werde, die wie Schwarze zur Unfreiheit verdammt würden, sei es nur recht und billig, so suggerierte Black, die Rechte weißer Künstler ebenfalls einzuschränken und jede Form der kulturellen Aneignung zu untersagen.

Dieses habe umso mehr zu gelten, da »solche Aneignungen in Beziehung stehen zu der systematischen Unterdrückung schwarzer Gemeinschaften in den USA und weltweit, und, in einer geweiteten historischen Perspektive, zur kapitalistischen Aneignung der Leben und Körper schwarzer Menschen, mit der unsere gegenwärtige Ära begann«. Für Black lässt sich die künstlerische Übernahme eines Motivs aus der

6 Ihr Facebook-Post ist verfügbar unter: {https://www.facebook.com/aria.e.dean/posts/10155118829453126}.

Bürgerrechtsbewegung nicht von der Versklavungserfahrung trennen, in gewisser Weise begreift sie das eine als aktualisierte Form des anderen – und hält es schon deshalb für bigott, dass nun weiße Künstler meinen, auf ihrer Kunstfreiheit bestehen zu müssen. Diese Freiheit für einen Teil der Bevölkerung einzuschränken, weil diese unterdrückt und materiell kleingehalten wurde, galt lange als unhinterfragte Praxis. Daraus leitet sich für Black das Recht ab, diese Praxis nun auf ihre Weise fortzusetzen, gewissermaßen als eine Form von später Wiedergutmachung (»to live in a reparative mode«). Ergänzend zu ihrem offenen Brief fügte sie später hinzu: »Zeitgenössische Kunst ist im Kern eine Einrichtung des weißen Suprematismus trotz all unserer netten Freunde.«[7]

Blacks Auffassung stieß auch auf Kritik, insbesondere in den großen, etablierten Medien. In den sozialen Netzen hingegen fanden sich zahlreiche Unterstützer; viele von ihnen halten es wie Black für angebracht, die Vorstellung gleicher Rechte für alle – und also auch gleicher Rechte für alle Künstler, ob schwarz oder weiß – zu relativieren. So kommt die Schriftstellerin Sarah Schulman zu der Einschätzung, dass »der Ruf nach Redefreiheit nicht eine Meinung schützen soll, sondern stattdessen regelmäßig manipuliert und als ein Trick eingesetzt wird, um die bewussten Machtergreifungen eines weißen Suprematismus zu verstecken«.[8] In den erregten Netzdebatten wurde denn auch rasch die Frage aufgeworfen, ob Weiße überhaupt das Recht besitzen sollten, sich in dieser

7 Kennedy, »White Artist's Painting of Emmett Till at Whitney Biennial Draws Protests«.

8 Sarah Schulman, »Open Casket«, auf: artseverywhere.ca (12. April 2017), online verfügbar unter: {http://artseverywhere.ca/2017/04/12/open-casket/}.

Diskussion über die Aneignung schwarzer Kultur zu äußern. Black hatte für ihren offenen Brief bereits darauf bestanden, dass er ausschließlich von Schwarzen unterzeichnet werden dürfe. Die Einschränkung der Kunstfreiheit, so zeigt sich, ist von der Einschränkung der Meinungsfreiheit nicht zu trennen.

Am Ende dieses Kulturkampfs meinten einige Aktivisten sogar, nicht nur *Open Casket* dürfe nie wieder gezeigt werden, ebenso müsse eine für Boston geplante Dana-Schutz-Ausstellung, für die das inkriminierte Werk nicht vorgesehen war, abgesagt werden. »Es geht nicht um Zensur«, hieß es in dem öffentlichen Aufruf. »Es geht um institutionelle Verantwortung, da die Institutionen, die mit der Künstlerin zusammenarbeiten, selbst jetzt noch nicht einräumen, dass diese Nation kein gerechtes Spielfeld ist.«[9] Verlangt wurde öffentlich vorgetragene Reue, ohne diese sollte das Œuvre der Malerin Schutz fürderhin geächtet bleiben. Das Verlangen nach Gerechtigkeit habe schwerer zu wiegen als die künstlerische Freiheit.

Um besser zu verstehen, wie es zu solchen Aufforderungen kommen konnte, die man auch aus totalitären Regimen kennt – Zerstört ein Kunstwerk! Verbietet eine Ausstellung! Zeigt öffentlich Reue! –, muss man wissen, dass der Diskurs über die Grenzen kultureller Aneignung in den USA keineswegs nur das Kunstfeld beschäftigte; mindestens ebenso sehr prägt er die Pop- und Alltagskultur. Hier wurde, so lässt sich

9 Julia Halperin, »›Please Pull the Show‹: Dana Schutz Faces Renewed Protest Over Emmett Till Painting at ICA Boston«, in: *artnet* (26. Juli 2017), online verfügbar unter: {https://news.artnet.com/art-world/dana-schutzs-exhibition-at-the-ica-boston-faces-protest-1033961}.

vermuten, jene Gedankenfigur zum Allgemeingut, die auch die Konflikte um das Werk der Künstlerin Dana Schutz bestimmte.

So hatte der Designer Marc Jacobs während der New York Fashion Week 2016 einige Models mit Dreadlocks auf den Laufsteg geschickt, als Anspielung, wie es hieß, auf die Ära der Club Kids und als Hommage an den Sänger Boy George. Daraufhin wurde Jacobs in den sozialen Medien scharf angegriffen, habe er doch Weiße mit einer typisch schwarzen Frisur ausgestattet. Auf Instagram antwortete Jacobs seinen Kritikern: »Ich respektiere Menschen und werde von ihrem Aussehen inspiriert. Ich sehe keine Farbe oder Rasse – ich sehe Menschen.«[10] Als die Anfeindungen daraufhin noch zunahmen, löschte er seine Antwort auf Instagram, um wenige Tage später eine Entschuldigung anzubieten für »den Mangel an Sensibilität«. In geradezu flehendem Ton fügte er hinzu: »Natürlich, ich ›sehe‹ Farbe, aber ich diskriminiere NICHT. DAS IST EINE TATSACHE!«

Auch mehrere Popstars wurden unter der zum Kampfbegriff avancierten Formel der »Cultural Appropriation« für etwas attackiert, was nicht erst seit der Postmoderne zum selbstverständlichen Modus schöpferischer Arbeit gehört hatte: Wie in der Mode galt im Pop die Hybridisierung und Rekombination diverser Zeichen und Signale aus Geschichte und Gegenwart als Inbegriff fortschrittlichen Denkens, ja als Vorschein einer multikulturellen Gesellschaft, in der sich alles essentialistische Denken auflöse. Nun jedoch wurde der

10 Mackenzie Wagoner, »The Dreadlocks Debate: How Hair Is Sparking the Conversation of the Moment«, in: *Vogue* (21. September 2016), online verfügbar unter: {https://www.vogue.com/article/dreadlocks-hair-debate-moment}.

Band Coldplay wie der Sängerin Beyoncé vorgeworfen, sie reproduzierten durch ihre Musikvideos die schlimmsten Indienklischees – »Sie sehen uns immer noch als ein Land der Schlangenbeschwörer.«[11]

Ähnlich musste sich Kendrick Lamar vorhalten lassen, seine Rückbezüge auf die Kung-Fu-Kultur seien übergriffig. Und Katy Perry wurde zur »Königin der Aneignung« erkoren, weil sie sich für ihre Auftritte bei der schwarzen, asiatischen und schwulen Kultur bedient habe – wofür sie sich später bei einem Aktivisten der Black-Lives-Matter-Bewegung öffentlich entschuldigte.

In manchen dieser Fälle mag die Kritik an Stereotypen und Folklorisierung berechtigt sein. Allerdings wird nicht selten ignoriert, dass es gerade einem Spiel mit Klischees möglich ist, diese ins Absurde zu überdrehen und damit zu konterkarieren. Gerade postmoderne Patchwork-Stereotypen wollen jede Vorstellung von Eigentlichkeit überwinden. Hingegen neigt eine Kritik an der Appropriation dazu, ebendiese kulturelle Eigentlichkeit zu behaupten und für sakrosankt zu erklären. Im Namen der Gleichberechtigung wird ein essentialistisches Denken verteidigt, das manchmal auch als bloß »strategischer Essentialismus« verstanden werden möchte, in jedem Fall aber darauf besteht, dass Minderheiten vor den kulturellen Plünderungen durch die Mehrheit zu schützen seien. Die Kultur wird damit über jede Individualität absolut gesetzt. Der Essentialismus reduziert den Einzelnen auf be-

11 Aarushi Nigam, »The Great India Stereotype debate around Coldplay's ›Hymn For The Weekend‹«, in: *The Times of India* (24. Januar 2017), online verfügbar unter: {https://timesofindia.indiatimes.com/entertainment/english/music/news/The-Great-India-Stereotype-debate-around-Coldplays-Hymn-For-The-Weekend/articleshow/50794762.cms}.

stimmte Merkmale seiner Herkunft oder Körperlichkeit und zwingt ihn damit – paradoxerweise um einer größeren Freiheit willen – in die unfreie Rolle, seine Identität über diese Merkmale definieren zu müssen. Ebenso soll die Kunst kein Raum mehr sein, in dem sich das Individuum von möglichst vielen Festlegungen befreien darf; im Gegenteil, gerade hier könnten die Festlegungen gesellschaftlich sanktioniert und normativ gültig werden. Allein deshalb ist der Streitwert der kulturellen Aneignung so hoch.

Was das für den intellektuellen Diskurs bedeuten könnte, ist bislang kaum abzusehen. Nur gelegentlich und eher en passant scheint der Versuch auf, auch in der geistigen Auseinandersetzung markante kulturelle Grenzen behaupten zu wollen. Beispielsweise merkte der Schriftsteller Rick Moody in einer Buchrezension an, schwarze Musikkritiker könnten über schwarze Musik tiefgehender und mit größerem Einblick schreiben, als dies nicht-schwarzen Aficionados gelinge, das sei eine »unleugbare Wahrheit«.[12] Nimmt man die Aussage ernst und wendet sie ins Allgemeine, ließe sich umgekehrt behaupten, dass es weißen Kritikern leichter falle als schwarzen Kritikern, ein vollumfängliches Bild dessen zu entwerfen, was man dann »weiße Kunst« nennen müsste. Derart segregatistisch mag es Moody nicht gemeint haben, doch in der intellektuellen Auseinandersetzung um kulturelle Eigenheiten begegnet einem diese Denkfigur durchaus. So berichtet Slavoj Žižek, dass sich während einem seiner Vorträge an einer amerikanischen Universität eine Frau erhob, die sagte,

12 Rick Moody, »James McBride's ›Kill 'Em and Leave‹«, in: *The New York Times* (28. März 2016), online verfügbar unter: {https://www.nytimes.com/2016/04/03/books/review/james-mcbrides-kill-em-and-leave.html}.

sie sei schwarz, sei eine Frau, sei alleinerziehende Mutter, habe Aids, um dann zu bekunden: »Ich bin mit Ihnen absolut nicht einverstanden.«[13] Von den anderen Studenten im Saal, so Žižek, sei der Einwand akzeptiert worden.

Stets geht es in solchen Konflikten darum, die Mitsprache- oder Urteilskompetenz je nach Hautfarbe oder auch Geschlecht des Sprechenden oder Urteilenden neu zu gewichten. Damit aber tritt eine andere »unleugbare Wahrheit« zutage: dass nämlich jede Form von produktivem Diskurs erlöschen muss, sobald keine überindividuell gültigen Argumente mehr existieren, die alle, gleich welchen Geschlechts, welcher Abstammung, zu teilen vermögen.

Es wäre das Ende des freien Denkens und Argumentierens: Ohne die Akzeptanz leitender Vorstellungen des Rationalismus, etwa Logik und Vernunft, erstirbt jedes Geistesleben. Nur wer darauf vertraut, dass es trotz offenkundiger Unterschiede ein geteiltes Drittes gibt – etwa die Überzeugung, dass die Kunst ein freies Spiel der Formen sein darf –, wird sich überhaupt auf einen Wettstreit der Gedanken einlassen. Ohne dieses gegenseitige Vertrauen ist hingegen auch die erhoffte Gleichberechtigung nicht zu haben, nicht in einer theoretischen, nicht in der politischen Sphäre, weil die Idee der Gleichheit an die Idee gleicher leitender Vorstellungen gebunden ist.

So ist die Gefahr nicht von der Hand zu weisen: Der Kunstfreiheit wie der Freiheit des Gedankenaustauschs droht eine empfindliche Beschränkung, sobald Zeichen, Stile, persönliche Eigenheiten wie exklusive ideelle Besitztümer

13 »Liberal? Gott bewahre!«, Gespräch mit Slavoj Žižek, in: *Neue Zürcher Zeitung* (30. Januar 2016), online verfügbar unter: {https://www.nzz.ch/feuilleton/liberal-gott-bewahre-1.18685968}.

behandelt und beschützt werden sollen. Wer allerdings auf Unverfügbarkeit pocht und jede Art der kulturellen Aneignung als Übergriff deutet, wird von dieser Gefahr für die Freiheit schon deshalb nichts wissen wollen, weil er sich selbst ohnehin als unfrei empfindet. Gerade die Aneignung, so das Argument, beschneide seine Freiheit, deshalb könne umgekehrt eine Einschränkung der freien Aneignung als Freiheitsgewinn gewertet werden.

Viele Minderheiten fühlen sich, so lässt sich aus den Debattenmustern schließen, auf dreifache Weise erniedrigt: Erstens, weil diejenigen, die einen höheren Status genießen, neben der ökonomischen Macht ebenso ihre Macht über die Zeichen demonstrieren. Zweitens, weil Unterprivilegierten ein solcher Ausweis an kultureller Souveränität kaum möglich ist, da es dafür sowohl Geld, Zeit, Bildung als auch eines sozialen Umfelds bedarf, das einer hybridisierten Kultur offensteht und sie mit entsprechendem medialen Echo goutiert. Drittens werden die Manöver der kulturellen Aneignung als ein beliebiges Zeichenspiel begriffen und also das vermeintliche Interesse für eine Kultur und ihre Eigenarten als scheinhaft bewertet – als eine Form von Gratis-Solidarität ohne politisch fassbare Konsequenzen, die allein der Selbstfeier eines kosmopolitischen Milieus dient.

Folgt man dieser Analyse, dann handelt es sich im Dana-Schutz-Fall nicht um eine Enteignung und Vernichtung, obwohl hier zur Enteignung und Vernichtung aufgerufen wird. Schließlich hatte es sich bei der vorausgegangenen kulturellen Aneignung durch die Malerin bereits um einen Akt des Entwendens mit zersetzenden Folgen gehandelt. Wer sich bei einer Kultur, in diesem Fall bei der sogenannten schwarzen Kultur, für sein eigenes künstlerisches Schaffen bedient, der entsubstantialisiert, was bis dahin ein integraler, mit Sinn behafteter Bestandteil dieser Kultur gewesen sei. Entsprechend wäre Blacks Appell, den zerstörerischen Vorgang der Aneignung wiederum zu zerstören, eher als eine Forderung nach Repatriierung und Rückgewinnung kultureller Souveränität zu verstehen. Man könnte es, dieser Logik entsprechend, eine Befreiung von den Scheinfreiheiten privilegierter Schichten nennen.

Sogar von manchen Künstlern, die selbst zu den Privilegierten gehören, wird diese Argumentation als durchaus zwingend bewertet, beispielsweise von Sam Durant. Auf der Documenta 13 hatte er 2012 in Kassel eine Skulptur in die Weiten des Aue-Parks gestellt, die von Tausenden Besuchern besichtigt und beklettert wurde, eine Holzkonstruktion namens *Scaffold*, die auf den ersten wie auf den zweiten Blick harmlos wirkte. Nach den Bauplänen von insgesamt sieben Galgen, die in der amerikanischen Geschichte für Exekutionen verwendet worden waren, hatte der Künstler eine Art Patchwork-Monument anfertigen lassen, mit dem er gegen die Todesstrafe in den USA und in anderen Staaten protestieren wollte. Später wurde das Kunstwerk zunächst für ein Jahr in Den Haag aufgebaut, um schließlich in den Skulpturengarten des Walker Art Center in Minneapolis weiterzuwandern, wo es nach kurzer Zeit – und mit Durants Einverständnis – für immer zerstört werden sollte.

Anders als in Europa hatte sich in den USA deutlicher Protest geregt. Bereits als die Skulptur errichtet wurde, verwandelten sich die Absperrzäune in Mahnwände, auf den Plakaten stand »Unser Völkermord ist nicht eure Kunst« oder »Baut es ab!«, zudem wurde dort für den »Skalp des Künstlers« eine Belohnung von zweihundert Dollar ausgelobt. Graci Horne, eine Künstlerin aus dem Volk der Dakota, gab in einem Zeitungsgespräch zu Protokoll: »Ich bekomme

Magenschmerzen in der Nähe dieses Objekts, das die Tötung meiner Vorfahren reproduziert.«[14] Dabei war ein solcher Affront keineswegs von Durant beabsichtigt gewesen, im Gegenteil wollte er der Exekution von 38 Dakota im Jahr 1862 gedenken, der größten Massenhinrichtung in der Geschichte der USA. Für die späten Nachfahren habe das Kunstwerk jedoch wie eine Verhöhnung gewirkt, erzählte Durant später. »Sie waren fassungslos: Warum wird unsere von Kolonialismus und Völkermord gezeichnete Geschichte in eine Skulptur in einem öffentlichen Park verwandelt?«[15]

Der Künstler selbst wiederum war zunächst fassungslos gewesen, warum in diesem Fall offenbar nicht die üblichen Freiheitsrechte gelten sollten und die Kunst anders als sonst nicht als eine Form der Nobilitierung oder wohlmeinenden Reflexion aufgefasst wurde, nicht als öffentliche Anerkennung einer Leidensgeschichte. Das hatte zum einen damit zu tun, dass die Skulptur in ihrer Form so bedeutungsoffen erschien, dass sie noch während der Errichtungsphase als ein Zeichen rassistischer Vormacht instrumentalisiert werden konnte: »Es gab Weiße, die im Vorbeifahren rassistische Beleidigungen riefen und Steine auf die Demonstranten warfen«, erzählte Durant. »Sie zeigten auf meine Skulptur und

14 Zitiert nach Sheila Dickinson, »›A Seed of Healing and Change‹: Native Americans Respond to Sam Durant's ›Scaffold‹«, in: *Artnews* (5. Juli 2017), online verfügbar unter: {http://www.artnews.com/2017/06/05/a-seed-of-healing-and-change-native-americans-respond-to-sam-durants-scaffold/}.

15 Siehe, auch für die folgenden Zitate »Für Erklärungen war die Situation zu explosiv«, Gespräch mit Sam Durant, in: *Frankfurter Allgemeine Zeitung* (21. Juni 2017), online verfügbar unter: {http://www.faz.net/aktuell/feuilleton/kunst/sam-durant-im-interview-ueber-verbrennung-seines-scaffolds-15069543.html}.

riefen: ›Das ist unsere Trophäe!‹ Weiße Nationalisten haben dank Trump das Gefühl, sie könnten ungestraft Minderheiten angreifen.« Entsprechend wehrte sich die Minderheit der Dakota just auf dem Feld der kulturellen Repräsentation, auf dem sie angegriffen wurde.

Der zweite Grund ihrer Abwehr lag in einer Kunstauffassung begründet, die zwischen einer Skulptur und einem realen Galgen nicht unterscheiden möchte, so dass es wirkte, als ob Durants *Scaffold* die Tötung »reproduziere«, wie die Künstlerin Horne sagte. Die Unterscheidung zwischen Darstellung und Dargestelltem, ohne die das Prinzip künstlerischer Freiheit nicht zu denken ist, sollte hier nicht gelten oder wurde, so vermutete Durant, als diskreditiert begriffen. War bei den Protesten gegen das Dana-Schutz-Gemälde das Freiheitsrecht als ein weißes Vorrecht verstanden worden, so schien dieses Recht hier ebenfalls eng mit einer Tradition der Fremdbeherrschung verbunden. »Diese Vorstellung stammt aus der europäischen Aufklärung, die selbst direkt mit Kolonialismus und Imperialismus verflochten ist. Ich selbst würde sie immer unterschreiben. Aber für Menschen, die nicht aus dieser Tradition kommen, ist sie unmittelbar mit der eigenen Unterwerfung verbunden.«

In den rasch einberufenen Krisensitzungen und von den Museumsmitarbeitern des Walker Art Center befördert, fand sich schon bald eine Übereinkunft mit einigen Vertretern des Dakota-Volks, die vorsah, diesen die Eigentumsrechte an der Skulptur zu übereignen. Was also von der Künstlerin Hannah Black in ihrem Protest gegen das Schutz-Gemälde postuliert worden war, dass nämlich die hinter dem Kunstwerk stehende Leidensgeschichte nicht der Künstlerin gehöre und damit auch das Werk nicht das ihrige sei, wurde hier in eine vertragliche Form überführt. Die Skulptur wurde abgebaut und sollte zunächst verbrannt werden; später hieß es, die Hölzer seien vergraben worden.

Er fühle sich nicht zensiert, sagte Durant, er sei sogar »froh darüber, wie die Sache gelaufen ist«. Die Freiheit der Kunst aufzugeben kam ihm nicht wie ein Akt der Unfreiheit vor, viel eher als Befreiung: »Mir wurde klar, dass ich viel freier würde, wenn ich die Eigentumsrechte an die Dakota übertrage. Es ist, als hätte ich die Knochen ihrer Vorfahren gestohlen, und jetzt gebe ich sie den rechtmäßigen Eigentümern zurück.« Mit dieser Einschätzung naturalisierte Durant die Geschichte, und er vereinseitigte sie: Wenn die Galgenhölzer tatsächlich »die Knochen« der Dakota darstellen, dann liegt ebenso die Tätergeschichte bei den Opfern begraben. Und wenn die Exekutionen und ihre künstlerische Repräsentation allein das »rechtmäßige Eigentum« der Dakota sind, dann ist jede weitere Debatte über eine fortwährende Schuld und Verantwortung damit verstellt, zumal eine solche Debatte ihrerseits als kulturelle An- oder Enteignung begriffen werden kann (so wie im Streit um das Schutz-Bild manche verlangten, Weiße sollten nicht mitdiskutieren dürfen).

Mehr aber noch als das beraubt sich Durant mit der Preisgabe seines Kunstwerks zugleich der universellen Gültigkeit seiner Botschaft, um die es ihm eigentlich gegangen war. Der Impetus, am Beispiel mehrerer historischer Exekutionen die gegenwärtige Praxis der Todesstrafe zu hinterfragen, speziell in den USA, aber selbstverständlich auch darüber hinaus, geht in dem Moment verloren, in dem ein exklusives Verfügungsrecht über die Kunst vereinbart und die aufgerufene Mahnung an die gesamte Menschheit einem ethnischen Reservat zugewiesen wird.

Für *Scaffold* heißt diese Einhegung ganz konkret, dass zum einen die Allgemeingültigkeit des Kunstwerks begraben wurde und damit implizit die von diesem postulierte Allgemeingültigkeit der Menschenrechte. Zum anderen – und quasi als Preis dafür – wurde eine potenzielle Konkurrenz unter den Opfergruppen eröffnet. Die Holzkonstruktion sollte ja ursprünglich an sechs weitere Hinrichtungen erinnern, etwa an die Exekution von vier Männern während der Haymarket-Unruhen 1886 in Chicago. Diese Unruhen waren aus einem Streik hervorgegangen, mit dem eine Reduzierung der Regelarbeitszeit von zwölf auf acht Stunden durchgesetzt werden sollte. Auch die »Knochen« eines Arbeiterführers wie August Spies liegen nun also mit dem Kunstwerk von Sam Durant begraben – und die Nachfahren der getöteten Arbeiter könnten und dürften mit einigem Recht dieselben Mitspracherechte verlangen, die den Dakota zuteilwurden. Sie könnten *Scaffold* auch als »ihr Kunstwerk« reklamieren und damit die gütliche Einigung zwischen Künstler, Museum und dem Dakota-Volk umstandslos torpedieren.

Wo die Freiheit der Kunst anderweitigen Ansprüchen untergeordnet wird, etwa den Vorbehalten ethnischer Minderheiten, erweist sie sich als überaus verletzlich: Sie gibt ihren autonomen Status preis und wird damit erst recht zum Spielball jener Kulturkämpfe, die Durant zu befrieden hoffte. Wenngleich es in diesem Fall nicht zu einem solchen Wettstreit der Minderheiten gekommen ist, droht er doch in allen Auseinandersetzungen, in denen kulturelle Aneignung zurückgedrängt werden soll und also frei darüber befunden werden muss, wer für wen eintreten und was sagen darf und wie sich eine symbolische Repräsentation legitimiert. Welche Minderheit besitzt die triftigeren Argumente, entscheidet die Hautfarbe, das Geschlecht, die sexuelle Präferenz – und wer will ermessen, wessen Gefühle die verletzteren sind?

Um dem Vorwurf künstlerischer Ausbeutung zu entgehen, schlägt Durant vor, die Künstler sollten sich stärker auf die Interessen jener Minderheit einstellen, deren kulturelles Erbe in die eigene Arbeit einfließen soll. So lassen sich, darf vermutet werden, die gröbsten Stereotypen vermeiden und der hegemoniale Zugriff – hier der weltgewandte Künstler, dort die hilfsbedürftige Minderheit – wäre auf partizipatorische Weise abgemildert. Allerdings bergen solche Versuche einer geteilten Kunstfreiheit, gerade weil sie im Vorwege alle Verletzlichkeiten berücksichtigen wollen, die Gefahr, dass die dabei entstehenden Werke vornehmlich rechtschaffen wirken, wie bloße Illustration. In den Worten der Philosophin Monique Roelofs: »Eine repräsentierte Form sozialer Identität auszustellen, ist eine Art der Adressierung oder Sprechweise, die oft [...] ästhetisch ungenügende oder abgegriffene künstlerische Produktionen hervorbringt.«[16]

Eine weitere Gefahr: Will der Künstler den lokalen Wirkungskreis, den Geltungsbezirk der Minderheit überschreiten, will er also fortgesetzt an einem universellen Kunstbegriff festhalten und sein Werk einem größtmöglichen Publikum zugänglich machen, lässt sich trotz aller Partizipation kaum vermeiden, dass die »Knochen« der kulturellen Eigenheit anderen Interessen unterworfen werden: denen des Kunstbetriebs, der alles Reale seinen Regeln der Ausstellung anpasst und aus Subjekten nicht selten Objekte der Betrachtung macht. Das passiert selbst dann, wenn sich der Künstler ganz auf die Rolle des Mediators und Organisators zurückzieht, um ja nicht als Elendsgewinnler zu gelten, der »Profit und Vergnügen« aus dem Leiden Dritter zieht.

16 Monique Roelofs, »Identität und ihre öffentlichen Plattformen«, in: *Texte zur Kunst* 107 (2017), S. 68-85, hier S. 69.

So verzichtete der Künstler Ernesto Neto darauf, eine eigene Installation aufzubauen, als er 2017 auf der Biennale in Venedig auftrat. Um Vorwürfen der künstlerischen Instrumentalisierung zu entgehen, vertraute er ganz einer »kollektiven Vision«, wie es in einem Kuratorentext heißt, und der Mitarbeit »amazonischer KünstlerInnen, PflanzenheilerInnen und Pajés (Schamanen) der 37 Huni-Kuin-Gemeinschaften aus dem Gebiet des Jordão-Flusses«.[17] Ebenso war das Publikum eingeladen, an den Riten im selbst geknüpften Zelt teilzunehmen und einer Prozession durch die Biennale zu folgen. Doch obwohl sich der Künstler weitgehend zurückzog und sozusagen die Sache selbst zu sprechen schien, überwog am Ende der Eindruck, es habe sich hier um eine Form von Folklorisierung, ja von Exotisierung eines eigentlich politisch gemeinten Anliegens gehandelt, das darin bestand, auf die Vernichtung des Regenwalds hinzuweisen. Jede Einbettung in die kunstweltlichen Gepflogenheiten schafft einen Bewertungsrahmen, und in diesem ist das Eigentliche nicht vorgesehen, es sei denn als Kitsch.

Diesen Fallen zu entkommen und den Konflikten der kulturellen Aneignung durch antihegemoniale Bemühungen zu entgehen versuchte im selben Jahr wie die Biennale auch die Documenta 14 in Kassel und Athen. Dort spielte die indigene Abstammung der Künstler eine größere Rolle denn je. Beispielsweise gab es Rentierfelle, Rentierschädel, sogar Porzellanketten aus der Knochenasche von Rentieren zu sehen, allesamt von Menschen mitgebracht, die dem Volk der Samen angehören. Ob es sich bei diesen Stücken um künstlerisch be-

17 »Ernesto Neto and the Huni Kuin – Exhibition Booklet«, online verfügbar unter: {https://issuu.com/tba21/docs/2015_tba21_neto_final_small}.

deutsame Objekte handelt, sollte dabei nebensächlich sein. Für die Documenta war vor allem wichtig, dass die Künstler einer bedrohten Ethnie angehören: »Die Gemeinschaft der Sámi kämpft – nach Jahrhunderten der ›Norwegisierung‹ – um die Bewahrung ihrer Identität, die ihren Ausdruck in Sprache, Lebensgrundlage und Kultur findet.«[18] Dieser Kampf sollte für ein großes Publikum greifbar werden, nicht der künstlerische Kampf um Form, Komposition oder Originalität. Die Ausstellung wollte eine Welt entwerfen, in der künstlerische Aneignung nicht länger als Landnahme und die Kunstfreiheit nicht als eine Form von Gefangennahme empfunden wird.

Konflikte wie der um das Dana-Schutz-Gemälde vermochte dieser Ansatz zu umgehen, entsprechend wurde die Ausstellung in Kuratorenkreisen von manchen als modellhaft gelobt. Anselm Franke vom Berliner Haus der Kulturen der Welt zog aus den Debatten erste Lehren für das künstlerische Schaffen, die den Argumenten von Black sehr nahe sind: »Sich einfach etwas zu nehmen, deine Freiheit, deinen Instinkten zu folgen – darin stecken oft Privilegien und Formen der Ignoranz, die tiefe historische Wurzeln haben.« Seiner Auffassung nach stünden »wir« nicht am Ende »notwendiger Korrekturen«, sondern erst am Beginn. Die Künstler müssten umsichtiger agieren als bislang: »Ignoranz und Nicht-Wissen gegenüber der Geschichte sind tatsächlich nicht mehr haltbar.«[19] Schon der Aufruf der Künstlerin Black war von

18 Siehe den kurzen Text zu der bildenden Künstlerin Máret Ánne Sara auf der Website der Documenta 14: {http://www.documenta14.de/de/artists/13491/maret-anne-sara}.

19 »Was darf die Kunst? Eine Round-Table-Diskussion«, in: *Monopol. Magazin für Kunst und Leben* (September 2017), S. 53.

manchen als mutiger Anstoß begrüßt worden, so vom Museum für Moderne Kunst in Wien: Es sei »ein offener, persönlicher und sehr emotional verfasster Brief, der eine Debatte von äußerster Wichtigkeit wiederbelebt« habe, hieß es dort.[20]

Allerdings hatte Black in diesem Brief bereits deutlich gemacht, dass sie die »Wichtigkeit« der Debatte schon deshalb für beschränkt hält, weil eine politisch gesinnte Kunst kaum etwas ausrichten könne und eher als Nachweis der richtigen Gesinnung eingesetzt werde. Obwohl zahlreiche Künstler sich mit Kriegen, ökonomischen Krisen oder sozialen Gerechtigkeitsfragen befassen, scheint sich an der künstlerisch so intensiv kritisierten Wirklichkeit wenig zu ändern. Black fragte daher nicht ohne Grund nach den Motiven, die der Künstlerkritik zugrunde liegen mögen, und monierte die Bigotterie einer Kunstwelt, die sich aufrecht gibt und es zugleich hinnimmt, dass tatkräftiges Handeln durch freie, doch weitgehend folgenlose Symbolpolitik ersetzt wird. Unweit des Museums, in dem »dieses kostbare Gemälde hängt«, gemeint war das Werk von Schutz, »leben schwarze Gemeinschaften weiterhin in auswegloser Armut«, und »schwarzen Kindern wird die Kindheit weiterhin vorenthalten«.[21]

So rächt sich nicht allein die Ökonomisierung, ebenso wird die Politisierung der Kunst zum Argument, ihre Ungebundenheit infrage zu stellen und im Zweifelsfall einzuschränken. Ihre Freiheit wird nicht an ihren ästhetischen Werten gemessen, dafür an ihren Befreiungsversprechen, an dem, was

20 Zitiert nach Boris Pofalla, »Das Malen der anderen«, in: *Frankfurter Allgemeine Sonntagszeitung* (2. April 2017), S. 44.

21 Muñoz-Alonso, »Dana Schutz's Painting of Emmett Till at Whitney Biennial Sparks Protest«.

ihre programmatische Agenda verheißt. Kann sie diese nicht einlösen, scheint damit auch ihr Freiheitsrecht sinnlos und verzichtbar zu sein.

Eine Kunst, die ihr Privileg der absoluten Unzuständigkeit aufgibt, gerät unversehens in die Gefahr, dass man sie als Kampfmittel sozialer oder politischer Interessen missbraucht. Wenn sie ihren Anspruch auf Autonomie verrät, wird sie ihrerseits verraten: Aufgekündigt wird die alte Verabredung, sie sei frei und unanstastbar und schulde niemandem Rechenschaft.

Distribution
Der Fall Balthus oder: Wie frei ist das Museum?

Die Museen waren immer Parlamente und waren immer Parlamente, die nichts entscheiden durften. Es wurde emsig beratschlagt und räsoniert, welche Werke als wertvoll gelten und welche ins Depot verbannt werden sollten. Und da die öffentlichen Sammlungen der Allgemeinheit gehören, schien der Gedanke naheliegend, dass sich ein wohlgebildetes Publikum nicht allein als Mitbesitzer, sondern ebenso als Mitbestimmer begreifen durfte. Ganz gleich aber, wie debattierfreudig die Öffentlichkeit auftrat, im Falle eines öffentlichen Disputs darüber, welches Kunstwerk man ankaufen wolle, behielten sich die Autoritäten des Museums zumeist die Entscheidung vor. Die Freiheit der Institution wog schwerer als der freie Wille des Publikums.

In der Digitalmoderne lässt sich diese Verteilung der Macht kaum aufrechterhalten, die Institutionen geraten in eine Legitimationskrise. Dank der neuen Technik hat nun jeder die Möglichkeit, sich öffentlich zu artikulieren, und so wirkt es fast antiquiert, wenn Parteien, Kirchen, Zeitungen dennoch meinen, machtvoll mit nur einer Stimme sprechen zu können, in der die Einzelstimmen der vielen mitklingen sollen. Auch die Institution namens Kunst leidet unter dieser Legitimationskrise, insbesondere aber leidet das Museum. Als Parlament ohne Stimmrecht droht es aus der Zeit zu fallen.

So wird einerseits, wie im vorigen Kapitel beschrieben, die Freiheit des schöpferischen Künstlers in Zweifel gezogen, den manche in der Wahl seiner Themen, Formen und Materialien beschränken möchten. Anderseits steht infrage, was als Kunst anerkannt wird und als derart wertvoll gelten soll, dass es Einlass in die ständigen Sammlungen der Museen findet und öffentlich als geteiltes Erbe, als gemeinsame Überlieferung zu sehen ist. Für die Freiheit der Kunst sind beide Aspekte entscheidend: zum einen, wie frei sich ihre Produktionsverhältnisse ausnehmen, zum anderen, wie frei sich die Distribution gestaltet. Nichts anderes als Räume der Distribution sind die Museen, hier wird die Kunst in den Kanon erhoben, hier wird sie allansichtig, für jeden zugänglich und zu einer Behauptung, die leitend sein kann und zum Streitfall werden darf.

Tatsächlich ist dieser Kanon oft bestritten worden, weil man in ihm ein Abbild herrschender Verhältnisse sah. Er sollte geweitet werden, das war eines der vordringlichsten Anliegen der Moderne, denn eine freie Gesellschaft und ein befreites Museum, gelöst von möglichst vielen Einengungen, das schien zwingend zusammenzugehören. Beispielsweise kämpfte die New Yorker Künstlerin Anita Steckel in den siebziger Jahren mit ihrer Fight Censorship Group gegen die »Feigenblatt-Tradition« und die »sexistischen Puritanismen in den Museen«. Diese besäßen kein Recht, ihre »Scheu und Schüchternheit uns allen und zukünftigen Generationen aufzunötigen«. So wie in den Sammlungen nackte Frauen zu bestaunen seien, »sollten auch die Männer entblößt werden«, und selbstverständlich dürfte der erigierte Penis in den Museen kein Tabu sein.[1] Alles Persönliche wurde als politisch aufgefasst, deshalb durfte nichts verborgen, nichts ausge-

1 Stellungnahme von Anita Steckel, am 8. März 1973 an andere Künstlerinnen verteilt, online verfügbar unter: {https://www.brooklynmuseum.org/eascfa/feminist_art_base/anita-steckel}.

spart bleiben. Im Medium der freien Kunst sollten die Geschlechter zu ihrer Freiheit finden und ebenso jene sexuellen Fantasien, die bislang unterdrückt worden waren.

Dieser Wunsch nach schier unbegrenzter Freizügigkeit gilt in der Digitalmoderne kaum mehr als erstrebenswert. Was zuvor ein Kampf gegen Zensur war, vor allem gegen die Selbstzensur der Museen, wandelt sich mancherorts in einen Kampf für Zensur: für das Recht, in den Museen bestimmte Kunstwerke nicht sehen zu müssen. Auf einer Konferenz in London, die sich 2013 mit den schrumpfenden Freiheitsräumen für Künstler und Ausstellungshäuser befasste, sagte Nicholas Serota, der damalige Direktor der Tate Gallery: »Durch den Druck der Massenkommunikation und die multiplen Kulturen ist es schwieriger denn je, wachsam zu bleiben.«[2] Die künstlerische Freiheit, auch in Abwägung mit den Erwartungen des Publikums, der Sponsoren und Gremien aufrechtzuerhalten, sei »kein leichter Weg«.

Ähnlich schätzte vier Jahre später Anne Pasternak die veränderte Lage ein, die Direktorin des Brooklyn Museum in New York, die von ihrem Erschrecken über die Eigendynamik sozialer Medien berichtete. »Beim kleinsten Patzer kann die Mob-Mentalität so bösartig werden, dass Leute ihre Arbeit dadurch verlieren.«[3] Sie befürchtete, dass »unsere Insti-

2 Zitiert nach Julia Farringtons Bericht von der Konferenz »Taking the Offensive: Defending Artistic Freedom of Expression in the UK« (Mai 2013). Der Bericht ist online verfügbar unter: {https://www.indexoncensorship.org/takingtheoffensive/}.

3 Hier und im Folgenden zitiert nach Julia Halperin, »How the Dana Schutz Controversy – and a Year of Reckoning – Have Changed Museums Forever«, in: *artnet* (6. März 2018), online verfügbar unter: {https://news.artnet.com/art-world/dana-schutz-controversy-recent-protests-changed-museums-forever-1236020}.

tutionen an einem bestimmten Punkt vor sehr schwierigen Arbeiten zurückschrecken, aus Angst vor den Konsequenzen«. Ihre Kollegin Lisa Melandri, Direktorin des Contemporary Art Museum in St. Louis nannte es eine »Gezeitenwende« und meinte, das erste Mal seit den Kulturkriegen der achtziger und neunziger Jahre müssten die Museen »vorbereitet sein, jede einzelne ihrer Entscheidungen zu verteidigen«. Je größer das Publikum wird – nämlich so groß, wie das Internet alldurchdringend ist –, desto schwieriger gestaltet es sich offenbar für viele Sammlungen, ihre Souveränität zu behaupten. Die Freiheit des Netzes tendiert dazu, die Freiheit der Kunstinstitutionen einzuschränken, wie auch Marion Ackermann als Generaldirektorin der Staatlichen Kunstsammlungen Dresden erfahren musste: »Es gibt Tendenzen zur Prüderie und Rückschritte in der Emanzipation. In diesen Entwicklungen zeigt sich, dass wir in einer Welt der Verbote und Tabuisierungen leben.«[4] Anders als es die Künstlerin Steckel gefordert hatte, sollen die Museen nicht mehr, sie sollen weniger Nacktheit zeigen.

Besonders deutlich wurde diese Entwicklung im Herbst 2017, als in New York eine Online-Petition veröffentlicht wurde und binnen weniger Tage fast 12000 Unterstützer fand. Die Petition zeigt das Foto eines leeren goldenen Rahmens, so als hätte jemand das dazugehörige Kunstwerk herausgeschnitten. Veröffentlicht worden war der Aufruf von Mia Merrill, einer Kunstwissenschaftlerin, unter dem Titel »Re-

4 »›Wir leben in einer Welt der Verbote und Tabuisierungen‹«, Gespräch mit Marion Ackermann, in: *Zeit Online* (1. März 2018), online verfügbar unter: {http://www.zeit.de/kultur/kunst/2018-02/kunstfreiheit-marion-ackermann-staatliche-kunstsammlungen-dresden-moral}.

move Balthus' Suggestive Painting of a Pubescent Girl«. Das Metropolitan Museum in New York solle, so die Forderung, ein Gemälde des Malers Balthasar Klossowski de Rola, genannt Balthus, entfernen oder zumindest, so heißt es im Text der Petition einschränkend, die Präsentationsweise überdenken. Das Werk mit dem Titel *Thérèse Dreaming* zeigt ein Mädchen von vielleicht dreizehn Jahren, dessen Rock so weit hochgerutscht ist, dass der Blick der Betrachter auf die weiße Unterhose fällt.

Sie sei, schreibt Merrill in ihrer Petition, bei ihrem Museumsbesuch schockiert gewesen, »ein Gemälde zu sehen, das ein junges Mädchen in einer sexuell anregenden Pose zeigt«.[5] In einem »Klima sexueller Übergriffe und Vorwürfe« werde hier ein Kind zum Sexobjekt gemacht und damit der Voyeurismus gestärkt.

»Man sollte Gauguin ebenfalls abhängen«, heißt es in einem Kommentar unter der Petition, schließlich hatte der Maler eine Dreizehnjährige zur Geliebten. Eine andere Kommentarstimme stellt fest, die »sexuelle Ausbeutung eines Kindes« – gemeint ist die künstlerische Darstellung – glorifiziere den Missbrauch junger Frauen.

Besonders »verstörend« empfand es Merrill, dass ausgerechnet dieses Museum, das Met, »stolz ein solches Bild ausstellt«. Es handele sich doch um »eine renommierte Institution und eines der größten, respektiertesten Kunstmuseen der Vereinigten Staaten«. Diesem müsse ja wohl auffallen, »wie

5 Siehe, auch für die folgenden Zitate, den kurzen Begleittext zur Petition: Mia Merrill, »Metropolitan Museum of Art: Remove Balthus' Suggestive Painting of a Pubescent Girl, Thérèse Dreaming«, online verfügbar unter: {https://www.thepetitionsite.com/de-de/157/407/182/metropolitan-museum-of-art-remove-balthus-suggestive-painting-of-a-pubescent-girl-thérèse-dreaming/}.

offenkundig sexuell das Gemälde ist«, und es sollte »ernsthaft die Implikationen prüfen, die das Aufhängen bestimmter Kunstwerke an seinen Wänden habe«. Um welche Implikationen es sich genau handeln könnte, gibt Merrill in einer kleinen Ergänzung ihrer Petition zu erkennen: Dort wünscht sie sich, das Balthus-Gemälde solle mit einem Warnhinweis versehen werden, der darauf aufmerksam mache, dass »einige Betrachter dieses Werk anstößig oder verstörend finden, angesichts von Balthus' künstlerischer Vernarrtheit in junge Mädchen«. Vergleichbare Hinweise sind in den USA nicht unüblich, bei CDs ebenso wie bei Kinofilmen. Als das Metropolitan Museum 2013 eine Balthus-Retrospektive zeigte, hatte es solche Warnschilder ebenfalls gegeben.

Ein solcher Hinweis neben der *Träumenden Thérèse* soll offenbar verhindern, dass empfindliche Gemüter unter den Museumsbesuchern das Gemälde überhaupt anschauen, was allerdings voraussetzt, dass sie das Schildchen lesen, bevor sie auf das Gemälde blicken. Ein Hinweis könnte aber ebenfalls jene beruhigen, die verstört sind, weil sie jene Wirkung verspüren, die Merrill selbst beobachtet zu haben meint: voyeuristische Erregung. Die Besucher sollen wissen, dass sie mit diesem Gefühl nicht allein dastehen, dass es auch von anderen verspürt und als »anstößig«, also als nicht normal bewertet wurde. Es handele sich bei dem Gefühl, so möchte Merrill klarstellen, um das eines Künstlers und also nicht um das der Betrachter. So dürfte jede verführerische Wirkung des Bilds entschärft werden, die dargestellte Szene wird personalisiert und damit vom Publikum abgerückt.

Notwendig scheint diese moralische Distanzierung vor allem deshalb zu sein, weil der Status des Bildes, als Objekt an den Wänden einer der wichtigsten Sammlungen der USA, in Merrills Auffassung darauf hinweist, dass hier etwas besonders Kostbares ausgestellt werde, das zur Bewunderung, zur Einfühlung, wenn nicht gar zur Nachahmung einlade. Ohne die unterstellte Autorität des Museums, ohne seine Macht, wäre der seinerseits autoritäre Appell der Petition als eine Form der Gegenmachtmobilisierung nicht notwendig gewesen.

Merrills Aufruf lässt darauf schließen, dass sie viele Mitbesucher als unmündig und deshalb bedroht empfindet. Sie traut ihnen nicht zu, souverän mit dem Gemälde umzugehen, ein eigenes Empfinden entwickeln und dieses einordnen zu können. Diese Einschätzung des Publikums als schutz- und belehrungsbedürftig erklärt sich nicht zuletzt durch die von Merrill genannten »sexuellen Übergriffe und Vorwürfe«, die erst dank der #MeToo-Bewegung an die Öffentlichkeit gekommen waren und zu einer breiten Debatte geführt hatten: über Missbrauch, strukturelle Gewalt und ebenso über das Kulturmilieu, das sexuelle Ausbeutung über viele Jahre zu begünstigen schien. Mittelbar geriet damit ebenso jene Befreiungsbewegung in Verdacht, die etwa von der Künstlerin Anita Steckel mit ihrer Forderung nach weniger Verklemmtheit im Museum vorangetrieben worden war. Die gesellschaftliche Liberalisierung der sechziger und siebziger Jahre hatte das Sittenkorsett gelöst, und manches, das zuvor als unzüchtig oder pornografisch gegolten hatte, spiegelte sich daraufhin in den Kunstwerken und war in die Sammlungen eingezogen. Was sich hingegen weit weniger radikal veränderte, waren die Machtverhältnisse zwischen den Geschlechtern, und das galt insbesondere für die Kulturwelt, in der viele Künstler im rechtlichen Sinne ihre Kunstfreiheit genossen, aber im ökonomischen Sinne oft als eine Art Freiwild galten, ein prekäres, von wenigen Sicherheiten bestimmtes Leben führten und also vom Wohlwollen potenzieller Geldgeber umso abhängiger erschienen. Solche Strukturen begünstigen

Missbrauch, zumal es unter dem Deckmantel des progressiven Anspruchs offenbar nicht schwierig war, einen sexuellen Übergriff als libertäre Lebensform zu kaschieren.

Die #MeToo-Bewegung – als eine Form der von Serota gefürchteten »Massenkommunikation« – tat in ihrem aufklärerischen Drängen viel dafür, jene Unfreiheit zu decouvrieren, die inmitten der Freiheitlichkeit bestens gedieh. Zugleich beförderte sie den Verdacht, nicht nur Künstler, auch Kunstwerke könnten Ausdruck dieser Unfreiheit sein oder diese gar decken, beschönigen oder vertiefen. Ähnlich wie in New York entstand andernorts ebenfalls der Eindruck, dass Darstellung und Dargestelltes potenziell zur Deckung kämen und also zusammen mit der Freizügigkeit der Motive auch die Freiheit der Kunst und ihrer Betrachtung eingeschränkt werden müsste.

An der Universität Göttingen beispielsweise wurde 2017 eine Ausstellung vorzeitig beendet, weil sich Studenten bei der Gleichstellungsbeauftragten der Universität über die satirischen, in ihren Augen sexistischen Werke der Künstlerin Marion Vina beschwert hatten. Das Studentenwerk verwies, die Anwürfe ablehnend, auf die Kunstfreiheit und darauf, dass Vina in einigen der Bilder ihre eigene Erfahrung mit Übergriffen verarbeitet habe und diese ganz im Sinne der #MeToo-Bewegung verstanden werden könnten. Dem hielt die Gleichstellungsbeauftragte Silke Hansmann entgegen, dass sich »alle auf dem Campus wohlfühlen sollten«.[6] Es sei

6 Hier und im Folgenden zitiert nach Britta Bielefeld und Hannah Scheiwe, »Ausstellung nach Beschwerden abgehängt«, in: *Göttinger Tageblatt* (3. November 2017), online verfügbar unter: {http://www.goettinger-tageblatt.de/Nachrichten/Kultur/Regional/Ausstellung-geschmackssache-nach-Beschwerden-abgehaengt}.

zudem »total in Ordnung«, dass die Künstlerin ihre persönliche Erfahrung in der Kunst thematisiere, »deswegen können sich trotzdem andere dadurch angegriffen fühlen«. Die Kritik an der Künstlerin und ihren Werken ebenfalls als Angriff zu werten blieb in dem Konflikt undiskutiert. Die Wirkung der Werke wurde wie im Fall Balthus als so anstößig und potenziell bedrohlich eingeschätzt, dass die Freiheit der Kunst – hier die Freiheit ihrer Verbreitung – als vernachlässigenswert eingeschätzt wurde.

Zu ähnlichen Verbotsforderungen war es bereits 2014 gekommen, als viel über den damaligen Bundestagsabgeordneten Sebastian Edathy berichtet wurde, der unter dem Verdacht stand, sich kinderpornografisches Material beschafft zu haben. Damals erreichte die Gemäldegalerie in Berlin der empörte Aufruf, das Bild des jungenhaften *Amor* von Caravaggio müsse wegen seiner »unnatürlichen und aufreizenden Position« ins Depot verbannt werden. Die »ausdrücklich obszöne Szene« diene, so hieß es in dem offenen Brief, »zweifellos der Erregung des Betrachters«.[7]

Die Beispiele legen offen, wie sehr sich der Blick auf die Kunst und den tieferen Sinn ihrer verbrieften Freiheit verengt. Dieser Sinn begründet sich nicht zuletzt in der Reflexion und also in der Möglichkeit, die üblichen Sittsamkeitsideale zu ignorieren, damit diese überhaupt erst sichtbar werden und sich diskutieren lassen. Unterstellt man Balthus, er habe ebenjene verwirrende Ambivalenz ins Bild setzen wollen, die von der Petition unterbunden werden sollte, dann ließe sich eine

7 Zitiert nach Ingeborg Ruthe, »Zu aufreizend für Berlins Sittenwächter«, in: *Berliner Zeitung* (3. März 2014), online verfügbar unter: {https://www.berliner-zeitung.de/berlin/kommentar-zur-paedophilie-debatte-zu-aufreizend-fuer-berlins-sittenwaechter-1544488}.

vordergründige Moraldebatte überschreiten. Der Maler hätte in diesem Fall das Mädchen (und viele weitere) nicht primär deshalb in der beanstandeten Pose gemalt, um seinen eigenen Gelüsten eine künstlerische Form zu geben. Vielmehr hätte er es darauf angelegt, dass sich die Betrachter von dem Bild erregt fühlen, um sie auf diese Weise mit der Frage zu konfrontieren, ob es nicht erst ihr eigener Blick ist, der das Kind sexualisiert.

Wer im Namen einer neuen Prüderie solche Fragen unterbindet, entzieht sich dieser reflektierenden Offenheit. Zudem wird es ihm viel schwerer fallen, über die Grenzen des sittlich Zulässigen streiten zu können, wenn das anstößige Objekt im Depot verschwindet. Kunstwerke entlarven die Blicke und Betrachtungsweisen, die als sexistisch kritisiert werden. Sie machen anschaulich, für wen und wo die Toleranz endet. Sie können dieses Ende aber nur deshalb sichtbar machen, weil sie sich dank ihrer Freiheit an die Schranken des Tolerablen nicht unbedingt halten müssen und das Museum dieser Freiheit den nötigen Raum gibt.

Doch wird es für die Museen, auch das zeigen die genannten Beispiele, deutlich schwieriger, diesen Raum der Selbstbefragung offenzuhalten. Ihre Freiheitsrechte geraten in Bedrängnis, wenn sich der Liberalismus in seinem Grundverständnis wandelt. Obwohl weder in New York noch in Berlin die umstrittenen Kunstwerke weichen oder mit absichernden Warnhinweisen versehen wurden, zeigt sich doch, dass Tabus, die lange als gebrochen galten, neue Gültigkeit gewinnen können, sobald sich das gesellschaftliche Klima verändert und damit die Rezeptionserfahrungen des Publikums anderen Reaktionsmustern folgen. Die Erwartungen an die Kunst verändern sich.

Entscheidend für diesen ästhetischen Klimawandel dürfte

auch hier die Digitalmoderne sein, die dank des Netzes herkömmliche Zeit- und Raumvorstellungen unterläuft und ebenso den Charakter des Museums nicht unberührt lässt. Vordergründig wird dies bereits an Vorfällen deutlich, die üblicherweise als kurios bewertet werden: So kommt es regelmäßig vor, dass der Internetkonzern Facebook, der auf seinen Seiten keine Nacktbilder duldet, verdächtige Kunstwerke aussondert. In einem Fall war eine Abbildung der prähistorischen *Venus von Willendorf* gelöscht worden, in einem anderen sogar das Profil eines französischen Lehrers, weil er den *Ursprung der Welt* von Gustave Courbet gepostet hatte. Selbst das ikonische Revolutionsbild von Eugène Delacroix, das eine nackte Frauenbrust zeigt, wurde zum Opfer zensierender Algorithmen. Der Konzern entschuldigte sich später dafür, doch ausgerechnet *Die Freiheit führt das Volk* zu löschen bleibt ein zumindest metaphorisch aufschlussreicher Vorgang. Durch solche Verfahren des Ausblendens und Verdeckens wird unterschwellig ein Umgang mit Bildern eingeübt, der breiten Nutzerkreisen suggeriert, dass sie geschützt werden, weil sie offenkundig geschützt werden müssen.

Es ist ein paradoxes Phänomen, denn im Netz lassen sich bekanntlich alle möglichen und unmöglichen Bilder ohne Weiteres auftun und in größter Ruhe betrachten. Gleichwohl vermag just die Allverfügbarkeit von manchen als eine bedrohliche, weil unkontrollierbare Erfahrung empfunden werden. Das macht den symbolischen Schutz bei Facebook bedeutsam, hier wird das Richtige vom Falschen geschieden – was einige als Freiheitsverlust begreifen und andere als Kontrollgewinn empfinden.

Ebendiese filternde Kontrolle erwarten sie auch vom Museum, und das umso mehr, da hier ja in der Regel keine flüchtig-digitalen Bildchen zu sehen sind, sondern einmalige, unverrückbare Originale, denen allein der Präsentationsrahmen eine würdige Gültigkeit beimisst. Wenn schon Facebook das Fragwürdige vom Allverträglichen trennt, dann, so die Annahme, müssten das die öffentlichen Sammlungen doch erst recht leisten. Sie müssten es vor allem, weil das Gültige in der Digitalmoderne seine Ortsansässigkeit einbüßt. Das Original bleibt zwar fixiert, das Smartphone indes macht die Bilder mobil – und allein das verändert das Ansehen der Kunstwerke auf tiefgreifende Weise.

Seitdem Fotos nichts mehr kosten, wird das Besondere fotografisch ebenso festgehalten wie das Banale. Bilder avancieren zum Medium gewöhnlicher Kommunikation. Ebenso wird die Kunst nicht selten zu einer solchen Gewöhnlichkeit, abgelichtet im Vorübergehen oder als Selfie-Hintergrund und im Nu in alle Welt versandt. So beginnt sich der schützende Rahmen des Museums aufzulösen. Die Kunst geht über alle Grenzen und wird damit zum integralen Bestandteil jener Gesellschaft gemacht, in der nicht wenige dazu neigen, grundsätzlich alles auf sich zu beziehen. Das Museum als Ort der Selbstbefragung und Selbstbefremdung verliert so an Bedeutung. Es regiert der identifikatorische Blick, wie er bei Instagram, Facebook und Co. eingeübt wird. Und so soll die Kunst den dort geltenden, aus unternehmerischem Kalkül heraus formulierten Regeln des Vorzeigbaren gehorchen, auch außerhalb der sozialen Medien. Sie wird einer Kultur unterworfen, in der, wie beschrieben, das Bild und das Abgebildete oft gleichgesetzt werden.

Im Prinzip folgt diese Entwicklung jenen Mustern, die bereits die Skandale um die Mohammed-Karikaturen prägten, die 2005 in der dänischen Tageszeitung *Jyllands-Posten* erschienen waren. Eine satirische Übertreibung wie diese erweist sich zumeist als abgesichert und gesellschaftlich akzeptiert, sie wurde im Rahmen westlicher Freiheiten über Jahrhunderte eingeübt. Verlassen diese Bilder aber den Kontext, für den sie ursprünglich gedacht waren, werden sie unter Umständen nicht von Toleranzgeboten abgefedert, sondern in anderen, vor allem in islamischen Kulturen als »anstößig und verstörend« wahrgenommen. Vergleichbar durchkreuzen sich die Bildkulturen nun auch in den Museen, wenn das originale Werk nicht mehr ohne seine digitale, flüchtige, alle moralischen Klimazonen überwindende Kopie vorstellbar ist. Je häufiger diese digital von allen geteilt wird, desto größer werden die potenziellen Beschränkungen, die ein Museum gegenwärtigen muss. Der universale Anspruch, eine Sammlung für alles und alle zu sein, erweist sich als kaum mehr einzulösen.

Das ohnehin diversifizierte Publikum, das stark abweichende Erwartungen, Erfahrungen und Empfindlichkeiten in die Museen trägt, wird durch den zweiten, unendlich großen Ausstellungsraum, in dem sich potenziell jedes Gemälde, jede Skulptur zurechtfinden muss, das Internet, noch unübersichtlicher. Die Freiheitsgrade der Kunst sind global sehr unterschiedlich, in der Digitalmoderne aber schrumpft die Ferne – und das Museum, will es eine verbindende Rolle spielen, wird in Zukunft gefordert sein, einen Konsens auszuhandeln, der die Kunstfreiheit nicht verrät und zugleich die Duldungsgrenzen ihrer Besucher, auch jener an den Bildschirmen, nicht überstrapaziert.

Erste Versuche, einen solchen musealen Schirm der Verträglichkeit aufzuspannen, gibt es bereits, in Abu Dhabi beispielsweise. Für über eine Milliarde Euro ist dort ein neues Museum entstanden, die erste große Universalsammlung im arabischen Raum, eröffnet 2017. Etliche Leihgaben verdanken sich einer Kooperation mit dem Louvre in Paris, der seinen Namen ebenfalls ausborgte: Louvre Abu Dhabi. Unter den sechshundert gezeigten Werken entstammen viele der klassischen Hochkunst, darunter Gemälde von Leonardo, Tizian, Gauguin oder van Gogh. Mindestens so viel Raum nehmen Vasen, Masken, Ketten, Dolche oder Grabbeigaben ein. Es gibt frühägyptische und spätrömische Plastiken, Artefakte aus Afrika und Südamerika, ebenso eine Sammlung asiatischer Objekte. Im Grunde soll die gesamte Menschheitsgeschichte vergegenwärtigt werden.

Dabei folgt die Ordnung der Objekte einer für europäische Verhältnisse ungewohnten Logik. Zwar gibt der Louvre Abu Dhabi die grob chronologische Sortierung nicht auf, ansonsten aber fahndet das Museum vor allem nach Wahlverwandtschaften. Eine gotische Jungfrau mit Kind aus Frankreich steht dort in trauter Nachbarschaft mit einer stillenden Isis aus Ägypten, die zweitausend Jahre älter ist. Dazu gesellt sich eine Phemba, eine Mutterfigur aus dem Kongo des 19. Jahrhunderts. Viele solcher Konstellationen, die das Zeitliche auszublenden scheinen, hält das Museum parat, überall entdeckt es Gemeinsamkeiten, weil in allen Kulturen geboren, gestorben, geglaubt und gekämpft wird. Überall gibt es weise Menschen, deshalb dürfen Sokrates, Buddha und Konfuzius als Trio auftreten. Überall gibt es Reisende oder Herrschende, überall das Bedürfnis nach Schmuck und Schönheit. Und also ist der Mensch von heute, egal woher er kommt, in Abu Dhabi eingeladen, sich eins zu fühlen mit der Welt.

Dieses Motto einer Einheit in Vielfalt will jene Harmonie herstellen, die in manchen westlichen Museen gerade aufbricht, weil sich eine versprengte Öffentlichkeit in ihren Teilsegmenten nicht mehr repräsentiert fühlt oder den Eindruck hat, jegliche Ambivalenzen und mögliche Missverständnisse vorbeugend vermeiden zu müssen. Der neue Louvre hingegen ist an Provenienzfragen nur am Rande interessiert, hier spielt die Abstammung, die eigentliche Heimat und zeitliche Herkunft der Objekte nur eine Nebenrolle. Die klassische Ordnung nach Schulen, Regionen, Epochen wird weitgehend aufgegeben, um auf diese Weise – postnational, posttemporal – einer in der Tendenz ebenfalls heimatlosen, der Geschichte entrückten Weltöffentlichkeit entsprechen zu können.

Auch westliche Museen haben mit solchen Formen der Neupräsentation gelegentlich experimentiert, etwa das Kolumba Museum in Köln. Im Louvre Abu Dhabi wird das Experiment jedoch dauerhaft, und eine der klassischen Kernaufgaben des musealen Sammelns droht damit verloren zu gehen. Dieser Sinn lag nicht darin, möglichst viele Verwandtschaften zu entdecken, in Formen oder Ritualen. Vielmehr verstand sich das Museum als Ort maximaler Nuancierung. Es sortierte die Artefakte nach Schulen, Regionen, Zeiten, um einen sinnvollen Rahmen zu haben, innerhalb dessen sich die Unterschiede noch feiner zeigen konnten. Nicht das Ähnliche, das Abweichende galt als besonders kostbar.

Wie jede Taxonomie ist auch diese nicht in Stein gemeißelt. Tatsächlich entstand sie erst mit der Aufklärung, als aus der fürstlichen Wunderkammer nach und nach ein wissenschaftliches Institut namens Museum wurde. Doch ist es eben kein Zufall, dass ausgerechnet die Rückkehr zum höfischen Umgang mit der Kunst so große Beachtung findet. Gerade weil die Welt in einigen Teilen dem westlichen Liberalismus den Rücken kehrt und neoautokratische wie neoaristokratische Entwicklungen forciert, scheint hier, in einer neuhöfischen Auffassung, für das Museum ein Ausweg zu liegen.

In seiner bürgerlichen Form verhieß es Selbstreflexion: Im Angesicht der Werke sollte der Einzelne die Schleier der eigenen Begrenztheit lüpfen. Er sollte erfahren, dass jeder Künstler sich schulen, dass alle Kunst sich erst bilden musste.

Schauend konnte jeder begreifen, dass auch er, der Betrachter, nicht dazu verdammt ist, für immer zu bleiben, der er ist. Dass er vielmehr neue Nuancen an sich zu entdecken, andere Varianten des eigenen Selbst auszubilden vermag. Der alte Louvre war eine Schule des modernen Individuums.

Der neue Louvre tritt auf mit universalem Anspruch, und dieser Universalkultur ist im Grunde alles ebenbürtig. Ein solcher Ansatz hat den Vorteil, dass er neben den historischen ebenso die gegenwärtigen Differenzen kaschiert, ob sie nun ideologischer, religiöser oder ökonomischer Art sind. Der Nachteil ist ebenfalls nicht zu übersehen: Wie einst im royalen Sammlungshaus erscheint die Kunst primär als Ausdruck des Besitzerstolzes, als Trophäe der Weltneugier und ästhetischen Souveränität. Als Objekte der kritischen Abwägung jedoch, als historische Zeugnisse, ebenso als eine Möglichkeit der produktiven Befremdung haben sich die Werke erübrigt. Wenn alles irgendwie allem ähnelt, erschöpft sich die Sehnsucht nach dem ganz Anderen in wohligem Einverstandensein. Das Museum will das Gestern nicht länger durchleuchten, und das schon deshalb, um auch die Gegenwart vor unliebsamen Fragen zu verschonen.

Eine solche Frage an den neuen Louvre wäre, ob es ein bürgerliches Museum ohne bürgerliche Freiheiten geben kann. Der Louvre in Paris verdankt seine Gründung der Revolution, dem Kampf um gleiche Rechte für alle, der aus dem Königsschloss ein Museum machte. In Abu Dhabi ist der Louvre hingegen auf Ungleichheit gebaut, auf eine sklavenartige Ausbeutung der Arbeiter, die aus Indonesien oder Bangladesch in die Golfstaaten reisen, oft miserabel bezahlt werden und wie in vormodernen Zeiten nicht für ihre Rechte eintreten dürfen. Wenn es aber im Museum nicht länger darum geht, genau hinzuschauen und klare Unterschiede zu benennen, verlieren offenbar ebenfalls die realen Konflikte an Bedeutung. Das Unrecht der Folter oder die arg beschnittene Meinungs- und Kunstfreiheit in Abu Dhabi existieren unhinterfragt weiter, das Museum als Versprechen auf geistige Freiheit erweist sich als kompatibel mit einem System aus lauter Unfreiheiten.

Just diese Kompatibilität könnte den neuen Louvre auch für liberale Gesellschaften attraktiv machen. Auch westliche Museen wollen Einverständnis herstellen, über alle Gräben der Kultur und Geschichte hinweg, nur dass sie diesen Konsens im Auftrag der Liberalität suchen, nicht der Illiberalität. Paradoxerweise fahndet das illiberale Regime nach den Gemeinsamkeiten der Exponate, es sucht ein ausgleichendes Verständnis. Hingegen neigen liberale Gesellschaften der Digitalmoderne dazu – wie im Fall Balthus –, die historischen Objekte für ihre Gewordenheit zu kritisieren. Auch hier geht es in den Museen um Verträglichkeit, doch um das zu ermöglichen, grenzt man sich von der Geschichte ab, gelegentlich wird sogar versucht, sie nachträglich zu korrigieren.

So zeigte die Kunsthalle in Bremen 2017 eine Ausstellung unter dem Titel »Der blinde Fleck«, in der sie den Spuren des Kolonialismus in der Sammlungsgeschichte und ebenso in einzelnen Kunstwerken nachging. Unverkennbar wurde die korrigierende Haltung des Museums bereits daran, dass man einzelne Werktitel, die heute als problematisch gelten, verunklarte: Beispielsweise wurde *Negermädchen*, ein Aquarell von Anita Rée, als *N****mädchen* ausgewiesen, offenbar um Rücksicht zu nehmen auf ein Publikum, das sich brüskiert fühlen könnte. Zudem verurteilte die Ausstellung manche ihrer Exponate für die Umstände ihrer Entstehung: Zu sehen waren vier Aquarelle von Emil Nolde, die dunkelhäutige Männerköpfe zeigen und sich einer Reise des Künstlers nach Papua-Neuguinea verdanken. Im Katalog wurde den Bildern vorgehalten, sie hätten »die Persönlichkeit des Dargestellten« nicht herausgearbeitet, dafür reproduzierten sie »das Format anthropometrischer Fotografien, die in der Kolonialzeit genutzt wurden, um sogenannte ›Rassentypen‹ zu bestimmen«. Zwar habe Nolde das zerstörerische Treiben seiner Landsleute in der Kolonie beklagt, doch diese »Ressourcenausbeutung verewigte Nolde nicht in seinen Aquarellen«.[8]

Als politisches Programm verstanden, wirkte die Ausstellung plausibel. Sie war der Versuch, die Kunst in das Bemühen um Ausgleich und Gerechtigkeit einzubeziehen und damit auch jene Bevölkerungskreise anzusprechen, die als Leidtragende der Kolonialgeschichte ebenfalls die deutschen Museen besuchen oder besuchen sollen. Aber für die Freiheit der Kunst, die wie gesagt immer auch eine Freiheit der Distribution impliziert, bleibt es nicht ohne Folgen, wenn der unbescholtene, der naive, ebenso der böse Blick des Künstlers nicht länger gestattet sein soll, weil sich das Museum in einen Ort verwandelt, an dem es gerecht und sittsam zugeht und sich niemand von irgendwem oder irgendetwas infrage gestellt fühlen soll. Der Preis dafür ist ähnlich wie in Abu Dhabi eine Enthistorisierung der Exponate: Beurteilt werden sie nicht aus ihrem geschichtlichen Kontext heraus, sondern im Licht heutiger Egalitätsansprüche und Moralvorstellungen. Die Geschichte wird von der Gegenwart zurechtgerückt.

Am Ende wird aus solchen Museumsdebatten ein undeklarierter Streit um die Macht, in dem nicht darüber verhandelt wird, welche intrinsischen Qualitäten es sind, die Kunstwerke ins Museum bringen oder gebracht haben. Es geht nicht um den Kanon und die Frage, wie er sich weiten ließe. Vielmehr

8 Ausstellungskatalog *Der blinde Fleck. Bremen und die Kunst in der Kolonialzeit*, herausgegeben von Julia Binter, Berlin 2017, S. 92.

wird über Merkmale wie Geschlecht oder Hautfarbe gesprochen. Das emanzipatorische Freiheitsverlangen einer Minderheit, das auf die angemessene Vertretung der eigenen Belange im Raum des Museums drängt, droht sich gegen die Eigenmächtigkeit der Kunst zu wenden, sobald dieses Verlangen allzu sehr auf Repräsentationsfragen abhebt. Die Bilder und Skulpturen werden nicht um ihrer selbst willen geschätzt, sondern als Stellvertreter im Ringen um Anerkennung. Sie werden instrumentalisiert und ihre Wirkungsfreiheit gerät in Gefahr.

So geschah es 2018 in Kanada, als eines der populärsten Gemälde des Landes mit einem neuen Titel versehen wurde. Da das Wort »Indian« von vielen als diskriminierend empfunden werde, entschloss sich die Art Gallery of Ontario, das Bild *Indian Church* von Emily Carr aus dem Jahr 1929 umzubenennen: in *Church at Yuquot Village*. Manche Kritiker sprechen von Zensur, andere sehen einen Akt historischer Verschleierung, weil die Geschichte der Kolonialisierung nun schlicht ausgeblendet werde. Zugespitzt lässt sich sogar von einem ikonoklastischen Akt, zumindest aber von einem gravierenden Eingriff in die künstlerische Wirkung sprechen, wird doch in der Moderne der Titel für gewöhnlich als integraler Bestandteil eines Werks verstanden.

Gleichwohl ist es legitim und in manchen Fällen dringend geboten, das Museum als Ort der Distribution zu hinterfragen. Wer allerdings verhindern will, einzelne Werke zum Objekt des Machtkampfs zu degradieren, muss seine emanzipatorischen Ansprüche tatsächlich dort anmelden, wo die eigentliche Macht sitzt: in den Gremien der Institution. Dass sich diese Gremien verändern sollten, damit die Freiheitsrechte der Kunst nicht nur Partikulargruppen offenstehen, ist eine seit Langem unbestrittene Forderung. »Muss eine Frau nackt sein, um ins Museum zu kommen?«, fragte die Aktivistinnengruppe Guerrilla Girls bereits 1985, um auf die Ungerechtigkeiten im Kunstfeld aufmerksam zu machen. Im New Yorker Metropolitan Museum waren damals lediglich fünf Prozent aller gezeigten Künstler weiblich, während fünfundachtzig Prozent der Aktbilder entblößte Frauen zeigten.

Um zu bewerten, wie die Entwicklung seither verlaufen ist, fehlen umfangreiche Datenerhebungen, doch gibt es Zahlen, erhoben vom amerikanischen National Museum of Women in the Arts, denen zufolge zwei Drittel der Kunststudenten weiblich sind, aber nur ein Viertel aller Einzelausstellungen in den Museen von Künstlerinnen bestritten werden.[9] Noch deutlicher werden die Ungleichheiten, wenn man sich fragt, wie divers die Milieus innerhalb des Machtapparats namens Museum eigentlich sind: ob und warum vor allem die Wohlhabenden, ganz gleich ob weiblich oder männlich, farbig oder weiß, die Sammlungsentwicklung bestimmen, durch Spenden oder Stiftungen beispielsweise. Nicht selten finden hier neoaristokratische Geltungsansprüche ein Podium, ohne dass dafür ein autokratisches Regime wie in Abu Dhabi nötig wäre. Und nicht wenige Künstler lassen sich ohne lange zu zögern für solche postautonomen Funktionalisierungen durch Macht- und Wirtschaftsinteressen einspannen. Diese ökonomischen Abhängigkeiten zu durchleuchten und zu verändern hieße, das Museum tatsächlich zu pluralisieren und ihm jene Freiheiten zu verleihen, die einer freien Kunst gebührt.[10]

9 Amy Mannarino und Mara Kurlandsky, »What the Data Tell Us About the Challenges Facing Female Artists of Color«, in: *Hyperallergic* (1. März 2018), online verfügbar unter: {https://hyperallergic.com/429885/what-the-data-tell-us-about-the-challenges-facing-female-artists-of-color/}.

10 Hanno Rauterberg, *Die Kunst und das gute Leben. Über die Ethik der Ästhetik*, Berlin 2015.

Rezeption
Der Fall Chuck Close oder: Wie frei ist der Betrachter?

Anders als die Moderne, die auf Prinzipien der Linearität verpflichtet war und einem klaren Vorwärtsdenken folgte, lässt sich die Digitalmoderne nur als eine in sich gegenläufige Bewegung beschreiben. Die eine Bewegung führt ins Offene: Freier denn je und also unkontrollierter kursieren Wörter und Bilder, ein jeder kann umstandslos zum Autor seiner eigenen Weltsicht werden und diese verbreiten. Alle geistigen Grenzen sind mit nur einem Mausklick überschritten. Dieser Öffnung, die völlig zu Recht als Revolution bezeichnet wird, steht die andere Bewegung entgegen, eine antirevolutionäre Schließung, in der sich Staaten aussondern (Brexit), ökonomische Abschottung betreiben (wachsender Protektionismus) oder Grenzkontrollen verschärfen (an den EU-Grenzen). Ebenso wird die kulturelle Sphäre von dieser Schließbewegung erfasst. Sie treibt eine von Angstlust bestimmte Fantasie hervor, die überall Anzeichen einer antiliberalen Übermacht erblickt, welche enge »Meinungskorridore« verfüge. Tatsächlich zeitigt die Schließung auch reale Folgen für die Freiheit der Kunst, selbst Ausstellungen werden geschlossen, bevor sie eröffnet werden konnten.

Nie zuvor in ihrer langen Geschichte hatte die National Gallery of Art in Washington, D. C., eines der angesehensten Museen der Welt, ihr Ausstellungsprogramm aus moralischen Gründen verändert: weil dem Künstler, dessen Werk gezeigt werden sollte, Fehlverhalten vorgeworfen wurde. Eine von langer Hand geplante Retrospektive von Chuck Close wurde 2017 allein deshalb auf unbestimmte Zeit verschoben. Der Maler soll, so berichteten es mehrere Frauen, anzügliche Bemerkungen über ihre Körper gemacht haben, als sie sich in seinem Atelier als mögliche Modelle bewarben. Von sexuellen Übergriffen war nicht die Rede, doch die verbalen Attacken seien sexistisch und erniedrigend gewesen. Noch bevor indes geklärt war, ob wegen dieser Anschuldigungen eine gerichtliche Untersuchung eingeleitet werden würde, hatte das Museum den Künstler wissen lassen, das gemeinsame Vorhaben könne nicht wie geplant umgesetzt werden. Close wies die erhobenen Vorwürfe zurück, zugleich entschuldigte er sich bei den Frauen, sollten sich diese durch Äußerungen in seinem Atelier angegriffen gefühlt haben. Er habe ein dreckiges Mundwerk, das gebe er zu – »aber wir sind alle Erwachsene«.[1]

Eine inhaltliche Begründung für den Rückzug gab das Museum erstaunlicherweise nicht ab: Fürchtete die National Gallery, ihr Image könne leiden? Rechnete sie mit Boykottaufrufen und entsprechenden Einbußen bei den Eintrittsgeldern? Oder wollte das Museum den Künstler schützen? Wollte es verhindern, dass sich Close bei öffentlichen Auftritten im Rahmen der Ausstellung in Widersprüche verwickelt, seine Karriere schädigt und den Wert seiner Bilder mindert? Eine Sprecherin ließ lediglich verlauten, es sei nicht »die richtige Zeit«, eine Close-Ausstellung zu zeigen.[2]

1 Zitiert nach Robin Pogrebin, »Chuck Close Apologizes After Accusations of Sexual Harassment«, in: *The New York Times* (20. Dezember 2017), online verfügbar unter: {https://www.nytimes.com/2017/12/20/arts/design/chuck-close-sexual-harassment.html}.

2 Zitiert nach Benjamin Sutton, »National Gallery of Art Indefinitely Postpones Chuck Close and Thomas Roma Shows«, in: *Hyperallergic* (26. Januar 2018), online verfügbar unter: {https://hyperallergic.

Kurz darauf entschloss sich die Seattle University, ein Werk des Künstlers aus seiner Bibliothek zu entfernen, hier lautete die Begründung: »Wir sorgten uns um mögliche Reaktionen der Studenten, der Lehrenden und Angestellten, die das Selbstporträt sehen.«[3] Welche Sorgen, welche Reaktionen damit genau gemeint waren, wurde nicht ausgeführt. Ließ man das Bild deswegen abhängen, weil man befürchtete, Studenten könnten sich verletzt fühlen? Oder weil man Angst hatte, dass im aufgeheizten Klima der #MeToo-Debatte jemand das Bild beschädigen oder klauen könnte? Verlautbart wurde lediglich, man habe »proaktiv« tätig werden wollen.

Anders als in den Kulturkämpfen um das Schutz- und das Balthus-Gemälde sind es bei Close nicht die Bilder selbst, die den Konflikt aufflammen ließen. Vielmehr soll das Recht der Kunst, in Erscheinung treten zu dürfen, deshalb beschnitten werden, weil der Künstler das Recht anderer missachtet haben soll. Die Bilder sollen für etwas einstehen, das sie nicht bewirkt haben; und doch scheint ihre Wirkung vom Wirken des Malers nicht zu trennen zu sein. Hier wird also die Freiheit der Kunst nicht hinsichtlich ihrer Produktion oder Distribution hinterfragt, hier ist es die Rezeption, die ihre freiheitliche Entfaltung »proaktiv« einschränken möchte. Genauer gesagt sind es sogar nur die vermuteten Rezeptionsverläufe, nur die »möglichen Reaktionen«, die als hinreichen-

com/423572/national-gallery-art-postpones-chuck-close-thomas-roma/}.

3 Zitiert nach Tess Riski, »University Removes Chuck Close Self-Portrait Amidst Harassment Allegations«, in: *The Spectator* (31. Januar 2018), online verfügbar unter: {http://www.seattlespectator.com/2018/01/31/university-removes-chuck-close-self-portrait-amidst-harassment-allegations/}.

der Grund betrachtet werden, den freien Blick auf die Kunst begrenzen zu dürfen.

Einem ähnlichen Argumentationsmuster folgten die Deichtorhallen in Hamburg, als sie 2018 eine geplante Ausstellung des Fotografen Bruce Weber wegen der Vorwürfe sexuell anstößigen Verhaltens »auf Eis« legten, wie es in der Pressemitteilung heißt;[4] Weber bestreitet, er habe sich etwas zuschulden kommen lassen. Um ihre Entscheidung zu rechtfertigen, machte die Kunsthalle zunächst einen Produktionsvorbehalt geltend: Man könne kein »Werk zeigen, das ggf. unter nicht korrekten Bedingungen entstanden ist«. Stärker aber zählte das Rezeptionsargument: »Die Trennung von Künstler und Werk ist in der Debatte nicht gegeben«, ließ sich Dirk Luckow, der Leiter der Deichtorhallen zitieren. Allein die Vorwürfe »würden eine künstlerische Annäherung an die Kunst wahrscheinlich in den Hintergrund drängen« und so wäre eine »frei[e] Betrachtung« unmöglich. Die Betrachtung soll also frei sein, weil aber diese Freiheit »in der Debatte« nicht gewährleistet sei, gilt es als legitim, die Freiheit des Rezipienten über die Freiheit des Künstlers zu stellen, sein Werk unbehelligt von solchen Überlegungen zeigen zu können.

Die Debatte, von der Luckow spricht, meinte nicht allein die Berichterstattung über Weber oder den Fotografen Mario Testino, dessen Ausstellung in Hamburg ebenfalls wegen diverser Anschuldigungen abgesagt wurde, obwohl auch er als unschuldig gelten muss, solange kein Gerichtsurteil vorliegt. Luckow meinte auch die sich in der Digitalmoderne und be-

4 »Bruce Weber Ausstellung auf Eis gelegt«, Pressemitteilung 19. Januar 2018, online verfügbar unter: {https://www.deichtorhallen.de/fileadmin/user_upload/info/180119_StatementWeberAusstellung.pdf}.

sonders im Zuge der #MeToo-Bewegung verändernden Diskursmechanismen, mehr aber noch den Mentalitätswandel, der das Verhältnis der Geschlechter neu zu bestimmen begann. Sie verschoben schon deshalb den Blick auf die Künste, weil zahllose Regisseure, Filmproduzenten, Dirigenten und Schauspieler ihren Einfluss ausgenutzt hatten, um Frauen (in einigen Fällen auch junge Männer) zu nötigen und zu missbrauchen. Es dauerte nicht lang, und ihre Werke gerieten in Verruf, weil in ihnen jene Libertinage gegenwärtig zu sein schien, die durch den Liberalismus und also die Freiheit der Kunst erst möglich geworden war. Die Museen, die ihre Ausstellungen vorbeugend annullierten, verstärkten diesen Verdacht noch, denn warum sonst hätten sie die Werke der beschuldigten Künstler nicht zeigen sollen, existierte nicht ein subkutaner Zusammenhang zwischen freiheitlicher Kunst und den ihre Freiheit missbrauchenden Künstlern. Die fehlende Trennung zwischen Kunst und Kunstschaffendem, die Luckow beklagte, gab es auch deshalb, weil diese Trennung von den Ausstellungshäusern nicht postuliert und vorgelebt wurde.

So konnte sich der Befreiungskampf der #MeToo-Initiative in einen Kulturkampf ausweiten, in dem die Grenzen der Freiheit für Maler, Musiker, Autoren neu ermittelt werden sollen. Dabei kristallisieren sich im Wesentlichen zwei Reaktionsweisen heraus: Die eine richtet sich auf künstlerische Aspekte, die andere auf die moralischen. So sind manche ganz im Sinne der Hamburger Deichtorhallen der Auffassung, das Fehlverhalten eines Künstlers beschädige seine Kunst, weil ein unbescholtener Blick auf ihre ästhetischen Qualitäten nicht länger möglich sei. Deshalb sollten die Werke vorübergehend oder dauerhaft nicht mehr gezeigt werden. Anderen ging es eher um eine erzieherische Maßnahme: Sie vertraten die Ansicht, man müsse mit einer Art Kunst-Boykott dagegen protestieren, dass Künstler, die sich unmoralisch oder gar gesetzeswidrig verhalten, von ihrem Schaffen auch noch profitieren. Gelegentlich wurde die Rezeption ihrer Werke geradezu als komplizenhaftes Einverständnis mit den vermuteten oder bewiesenen Taten aufgefasst. Wer einen Film mit Kevin Spacey betrachte und dafür Eintritt zahle, der unterstütze damit die Produktion nicht nur ideell, sondern ebenso materiell und heiße also rückwirkend die Taten eines Schauspielers gut, der minderjährige Jungen sexuell bedrängt haben soll.

Allerdings waren es für die Produktionsfirma des Films *Alles Geld der Welt* wohl weniger moralische als finanzielle Motive, die zu dem Entschluss führten, Spacey aus diesem herauszuschneiden und durch einen anderen Schauspieler zu ersetzen. Der Film war bereits abgedreht gewesen, aber noch nicht in den Kinos gezeigt worden. Das Herausschneiden und Neudrehen kostete sechs Millionen Dollar, das aber schien gerechtfertigt, um eine Rezeption ohne unbeabsichtigte Nebenwirkungen an der Kinokasse zu ermöglichen. Zugleich wurde in Manchester ein Wandbild mit dem Porträt des Schauspielers, das vom Künstler Akse auf eine Bürohauswand gesprüht worden war, durch ein anderes Motiv ersetzt – in diesem Fall, weil sowohl der Besitzer der Immobilie als auch der Künstler es nicht länger für angebracht hielten, Spacey großflächig zu ehren.

Ein anderes Wandbild, das der Künstler und Schauspieler James Franco 2014 auf dem Campus seiner Highschool in Palo Alto gemalt hatte, wurde auf Anweisung der Schulleitung entfernt, nachdem er von mehreren Frauen des sexuellen Übergriffs beschuldigt worden war. Zudem wurde er aus einem Titelbild der *Vanity Fair*, aufgenommen von Annie Leibovitz, nachträglich gelöscht.

Auch den Schauspieler Matt Damon sollte eine solche Löschung ereilen, weil er angeblich einen Zeitungsbericht über den Filmproduzenten Harvey Weinstein und dessen Verbrechen verhindert hatte. Die Zeitung und Damon bestreiten den Vorwurf, doch das hielt fast 30 000 Menschen nicht davon ab, 2018 per Petition zu verlangen, Damons Auftritt im Film *Ocean's 8* solle getilgt werden. Derweil ließ ein Theater in Connecticut ein Stück von Woody Allen aus dem Programm streichen, weil er 1992 seine siebenjährige Adoptivtochter missbraucht haben soll (was Allen bestreitet). Ähnlich erging es Roman Polanski, der 1977 eine Dreizehnjährige vergewaltigt hatte: Als dem Regisseur 2017 in Paris eine Retrospektive ausgerichtet wurde, blockierten wütende Demonstranten das Kino und verlangten den Stopp der Aufführungen. Hier sollte das Werk ebenfalls als Geisel genommen werden, denn eine schuldlose, die Entstehungsbedingungen übergehende Rezeption schien ausgeschlossen. Beim Dirigenten James Levine, ebenfalls des Missbrauchs bezichtigt, bezweifelte selbst der Musikkritiker der *New York Times*, ob er dessen Aufnahmen noch so unvoreingenommen hören könne wie zuvor – und gelangte am Ende seiner Überlegungen zu dem Schluss, er könne es nicht.[5]

Wie stark das Ansehen des Künstlers hineinspielt in das Ansehen seiner Werke, hängt maßgeblich davon ab, wie stark dieser in seinem Werk präsent ist. Für einen Schauspieler wie Kevin Spacey ist die Gefahr einer Verwechselung von Illusion und Realität größer, zumal er in seiner bekanntesten Rolle als

5 Anthony Tommasini, »Should I Put Away My James Levine Recordings?«, in: *The New York Times* (5. Dezember 2017), online verfügbar unter: {https://www.nytimes.com/2017/12/05/arts/music/james-levine-met-opera-critic.html?}.

amerikanischer Präsident in der Serie *House of Cards* regelmäßig aus dieser Rolle heraustritt und die Zuschauer direkt anspricht, quasi in der Person des wirklichen Menschen. Ähnliches gilt für bildende Künstler wie Marina Abramović, die ihre eigene Kunst personifizieren, so dass missverständliche Äußerungen der Künstlerin als missverständliche Äußerungen ihrer Werke verstanden werden können. In anderen Fällen, in denen sich das Werk stärker vom Körper seines Autors emanzipiert und ein starkes Eigenleben führt, tauchen die Fragen nach der biografischen Einfärbung der Rezeption erst dann auf, wenn es um eine historisch-kritische Würdigung oder eine Einordnung ins Gesamtwerk geht.

Je unpersönlicher eine Kunstgattung, desto seltener gerät die Person in den Blick. Und je stärker der Künstler als Interpret, je weniger er als Schöpfer eines Werks auftritt, desto geringer ist die Gefahr, dass Rezipienten in dem, was sie vernehmen, nach möglichen Spuren des gelebten Lebens und authentisch Beglaubigtem suchen. Eine Suche wird es immer geben, solange jene, die sich mit einem Buch, einem Film oder einem Gemälde befassen, mehr darüber erfahren wollen, wann und wie es entstanden ist. Wären hingegen die Urheber und ihre Motive unerheblich, könnten die Museen ebenso gut Fälschungen zeigen und die Verlage auf Ghostwriter setzen, die unter dem Namen bekannter, aber längst verstorbener Autoren neue Bücher schreiben.

Werk und Wirkung wurzeln in der Entstehungsgeschichte und die Entstehung bleibt an den Menschen gebunden, der ein Werk hervorbringt. Das heißt jedoch nicht, dass ein Werk an seinen Hervorbringer gekettet wäre. Es kann über seine Zeit hinausweisen, kann sich in der Rezeption verselbständigen. Es kann seinen Urheber vergessen machen, weil die Rezeption selbst ein Akt der Schöpfung zu werden vermag. Diese geläufige Wahrheit – dass sich das Werk im Auge des Betrachters forme – wird allerdings in den neuen Kulturkämpfen oft beiseitegeschoben. Wie im Streit um die kulturelle Aneignung, wo die Schuld der Kolonialherrschaft von manchen aufgerechnet wird gegen die Privilegien der freien Kunst, soll hier die persönliche Schuld einzelner Künstler nicht ohne Folgen für die freie Wirksamkeit ihrer Artefakte bleiben.

Diese Art von Engführung, man könnte es Kunstbuße nennen, ist schon deshalb erstaunlich, weil über Jahrhunderte viele Vergehen von Künstlern in den Hintergrund gerieten: Sie wurden ihnen nachgesehen, eben weil sie Künstler waren und als solche weltlichen Gesetzen nur bedingt gehorchen mussten. Er kenne keine Epoche außer den Zeiten des Totalitarismus, sagte der Kunsthistoriker Horst Bredekamp, »in denen vorausgesetzt wurde, dass einem bedeutenden Werk ein moralisch makelloser Künstler entsprechen müsste«.[6]

Man interessierte sich zwar schon früh für die Biografien der Künstler, und als Giorgio Vasari im 16. Jahrhundert seine Viten über die Maler und Bildhauer der Renaissance veröffentlichte, breitete er lustvoll die Lebensführung seiner Heroen aus, nicht selten um daraus Rückschlüsse auf deren Schöpfungen zu ziehen. Doch war die damalige Liebe zur Kunst nicht bereit, sich vom Verbrechen der Künstler den Blick auf die Werke trüben oder gar die Freiheit der Kunst beschneiden zu lassen, solange die Werke nicht selbst als ketzerisch oder verwerflich galten. Die Rezeption sollte frei sein.

6 »Der Opportunismus der Moral«, Gespräch mit Horst Bredekamp, in: *Frankfurter Allgemeine Zeitung* (14. Februar 2018), online verfügbar unter: {www.faz.net/aktuell/feuilleton/kunst/horst-bredekamp-im-gespraech-der-opportunismus-der-moral-15447099.html}.

Der Künstler galt als herausgehoben, weil man ihm eine besondere Beziehung zum Höheren zutraute, zum Schönen und Schrecklichen und ebenso zu Gott. Der Schöpfer selbst schien sich im schöpferischen Künstler, im *divino artista*, zu verkörpern. Nicht zuletzt aus diesem Grund wollte mancher ihn für unantastbar halten. Ein Gott kann nicht sündigen, und tut er es gleichwohl, dann nur, um seinen unüberbietbaren Eigensinn zu beweisen. So waren beispielsweise Caravaggios Biografen bis weit ins 20. Jahrhundert hinein keineswegs darum bemüht, dessen Lebensgeschichte schönzufärben, damit kein Schatten auf die Gemälde falle. Im Gegenteil, viele malten das Leben des Barockmalers in möglichst düsteren Farben aus, verklärten ihn zum triebhaften, unkontrollierten Menschen, dessen Kunst daher als besonders unmittelbar und ungekünstelt gelten sollte.

Tatsächlich wurde Caravaggio wegen Totschlags verfolgt, doch das reichte vielen Kunsthistorikern nicht, sie beschrieben ihn als Schläger, als Betrüger, als Mann aus der Gosse, der sich mit Prostituierten umgab und kleine Jungs begehrte. Das vermeintliche Drama seines Alltags ließ das Drama seiner Kunst umso effektvoller leuchten. Gerade weil er sich loszumachen schien von den Sittenkostümen seiner Zeit, sah man in ihm den Prototyp des autonomen Künstlers, wenn nicht sogar des modernen, befreiten Individuums.

Ähnlich verhielt es sich bei dem Renaissance-Bildhauer Benvenuto Cellini, einem Mörder, der dennoch vom Papst nicht bestraft wurde, weil Männer wie Cellini, so Paul III., »nicht dem Gesetz unterworfen sein müssen«.[7] Der Bildhauer Leone Leoni wiederum ließ seinen Assistenten um-

7 Horst Bredekamp, *Der Künstler als Verbrecher. Ein Element der frühmodernen Rechts- und Staatstheorie*, München 2008, S. 11.

bringen – und wurde dennoch von Kaiser Karl V. mit Aufträgen überschüttet. Gian Lorenzo Bernini schließlich befahl seinem Diener, er solle Constanza, der Geliebten des Künstlers, das Gesicht zerschneiden – doch weil Papst Urban VIII. ihn als »seltenen Menschen« rühmte, erhielt er Absolution. Erst aus diesem Unrecht, das wird an diesen Beispielen offenkundig, konnte sich jenes Freiheitsrecht der Kunst entwickeln, das heute seinerseits durch Unrecht infrage steht.

Einst erkannten sich Herrscher im Künstler wieder, weil sie sich selbst als formende Mächte begriffen, als Schöpfer von Recht und Ordnung. Als solche glaubten sie, nicht als Objekt des Rechts in Betracht zu kommen, denn wer das Recht schöpft, könne diesem nicht zugleich unterworfen sein. In diesem Sinne wurde auch dem schöpferischen Künstler, dem Herrscher ebenbürtig, ein Sonderstatus eingeräumt, er durfte sich jenseits der Normen wähnen. Als Handwerker, als der er lange betrachtet worden war, unterlag er den strengen Regeln der Zunft und des Gemeinwesens. Als Genie hingegen stand er außerhalb des Rechts.

Spätestens im 19. Jahrhundert wurde dieser Geniekult für die Rezeption maßgebend und als Strategie von manchen Künstlern eingesetzt, um sich von den Zugriffen der Macht zu lösen und einen gesellschaftlichen Sonderstatus einzufordern. Sich gegen König und Kirche aufzulehnen, sich als freier Künstler der Autonomie zu verschreiben, war wiederum nur möglich, weil sich mit einiger Plausibilität behaupten ließ, in Kunstwerken sei etwas Höheres verkörpert. Sich gegen die weltliche Enge zu erheben, den schnöden, von Gesetzen beschwerten Alltag zu transzendieren, wurde daher zum Programm. Und wieder galt die Rechtsferne als Bedingung des Rechts auf Kunstfreiheit.

Die Avantgarden der Moderne blieben diesem Denken ebenfalls verhaftet, ja, radikalisierten es noch. Dabei wurden sie nicht selten von fortschrittlich gesinnten Kreisen lebhaft unterstützt: Diese begrüßten die Kompromisslosigkeit, auch die Gewalt. Je radikaler, obszöner, abgründiger die Künstler waren, als desto wahrhaftiger galten ihre Werke. »Kunst kann nur Heftigkeit, Grausamkeit und Ungerechtigkeit sein«, hieß es im Futuristischen Manifest, das 1909 auf der Titelseite der französischen Tageszeitung *Le Figaro* erschien. Es besang den Krieg und »die Verachtung des Weibes«.[8] Zwischen Straf- und Künstlertat schien es keinen Unterschied mehr zu geben. »Ein Bild zu malen erfordert genauso viel List, Bosheit und Lasterhaftigkeit wie ein Verbrechen zu begehen«, meinte der Maler Edgar Degas.[9] Und für Joseph Beuys stand fest: »Künstler und Verbrecher sind doch Weggefährten; beide sind ohne Moral, verfügen über eine verrückte Kreativität, nur getrieben von der Kraft der Freiheit.«[10]

Die Kunst war eine Gegenwelt, hier hatten verdrängte Ängste, Neurosen und Sehnsüchte ihren Ort. Und viele Kunstfreunde hofften, in der ästhetischen Erfahrung sich selbst und ihre Zeit anders zu begreifen. Die Kunst sollte zurückwirken ins Leben, das war ein Kerngedanke der Moderne. Deshalb erschien der Künstler als der erste Proband dieser Rückwirkung: Er hatte mehr zu sein als der Sachwalter sei-

8 Filippo Tommaso Marinetti, »Manifest des Futurismus«, in: *Le Figaro* (20. Februar 1909), hier zitiert nach {http://www.kunstzitate.de/bildendekunst/manifeste/futurismus.htm}.

9 Zitiert nach Sebastian Smee, *Kunst und Rivalität: Vier außergewöhnliche Freundschaften*, Berlin 2017, S. 111.

10 Sophia Karner-Herbrich, *Geistiges Eigentum an Verbrechen*, Baden-Baden 2017, S. 5.

ner Formenwelt. Er sollte seine Ideale leben und jener überweltlichen und überwältigenden Kraft der Freiheit verpflichtet sein, von der Joseph Beuys gesprochen hatte.

Doch mit dieser Freiheitskraft, die ins Offene strebte, ging eine Schließung einher, insofern sich viele Künstler in ihrer Grenzenlosigkeit zugleich verschlossen: vor dem Leid, das sie anderen mitunter antaten. Ausgeblendet wurde, zugunsten der Kunst, was in ihrem Namen an Gewalt geschah. Auch die allgemeine Rezeption besaß diese großen blinden Flecken, so dass beispielsweise Pablo Picasso als Jahrhundertgenie verehrt werden konnte, obgleich es kein Geheimnis war, dass er viele seiner Ehefrauen und Geliebten quälte. Eine der Frauen erhängte sich, eine andere erschoss sich, zwei wurden wahnsinnig. »Er unterwarf sie seiner animalischen Sexualität«, urteilte später Picassos Enkelin Marina.[11]

Unterdessen ist der Geniekult mannigfach dekonstruiert worden, und es hat sich längst herumgesprochen, dass kein Künstler erst zum Monster werden muss, um gute Kunst hervorzubringen. Niemand steht mehr außerhalb des Rechts, und wer immer noch meint, sich in Selbstbezogenheit verlieren und das Leid anderer übergehen zu können, wer Gewalt zur Grundlage seiner Kunst macht, der missbraucht seine Freiheit und sollte sich in solchen Fällen den Gerichten beugen müssen.

11 »Er war ein Ungeheuer«, Gespräch mit Marina Picasso, in: *Die Welt* (22. Oktober 2001), online verfügbar unter: {https://www.welt.de/print-welt/article482649/Er-war-ein-Ungeheuer.html}, und Cody Delistraty, »How Picasso Bled the Women in His Life for Art«, in: *The Paris Review* (9. November 2017), online verfügbar unter: {https://www.theparisreview.org/blog/2017/11/09/how-picasso-bled-the-women-in-his-life-for-art/}.

Sind es aber Gerichte, die über das Unrecht der Künstler entscheiden, bleibt zu fragen, warum Museen wie die National Gallery in Washington zusätzlich deren Kunst ins Unrecht setzen. Sollte damit ein erzieherischer Auftrag verbunden sein und geht es darum, ein Exempel zu statuieren, um ganz allgemein die Künstlerschaft zur Ordnung zu rufen und ihnen vorzuführen, welche Konsequenzen ein Rechtsverstoß haben kann, dann wird dieser Auftrag von den sozialen Medien bereits hinreichend übernommen. Gerade das macht die befreiende Wirkung der #MeToo-Bewegung aus: dass sie als Selbstermächtigung aufzutreten vermag und nicht darauf warten muss, dass ihr Institutionen beispringen.

Eher scheint es umgekehrt zu sein, dass manche der Institutionen sich machtlos wähnen, der unvorhergesehenen »Debatte«, den unauslotbaren »Reaktionen« der Rezipienten ausgeliefert. Und dass sie aus diesem Gefühl der Machtlosigkeit heraus ihre Handlungsmacht demonstrieren wollen und lieber eine Ausstellung absagen, statt offensiv darzulegen, wo die mäandernde Grenze zwischen Werk und Urheber verläuft und wie wichtig es sein kann, eine solche Grenze in der Rezeption zu behaupten. Ohne sie verschwindet die Freiheit der Kunst, ohne sie verliert sich die Eigenmächtigkeit der Ästhetik und gerät womöglich zur bloßen Illustration biografischer Befindlichkeiten.

Kuratoren, die Künstler vor die Tür setzen, Filmproduzenten, die Schauspieler ausradieren, Intendanten, die Aufführungen absagen, befördern ein derart eingeengtes Verständnis von Kunst, die dem Moralkodex der Realwelt gehorchen soll. Bewerten lässt sich das, mit der Philosophin Juliane Rebentisch, als »autoritäre Scheidung der Pathologie vom Normalen, die schon immer von der Pathologie des Normalen abgelenkt hat«.[12] Dass die Kunst ein durchaus liederliches Verhältnis zur Wirklichkeit unterhält, dass sie amoralisch sein darf und weit mehr ist als das Psychogramm ihres Schöpfers und meistens klüger als dieser, gerät schnell in Vergessenheit, wenn man sie bei drohenden Konflikten auszublenden versucht. Im Grunde wiederholt sich darin der alte, eigentlich abgedankte Geniekult, eine Fixierung auf die Person des Künstlers und seine schier unregulierbaren Kräfte, die man so sehr zu fürchten hat, dass sie nicht länger öffentlich erscheinen dürfen.

Damit kultivieren die Museen ein ohnehin omnipräsentes Bedürfnis nach Eindämmung und Einbettung. Kurz nachdem die Chuck-Close-Ausstellung in Washington abgesagt worden war, trat in New York die Künstlerin Emma Sulkowicz mit einer Aktion auf, um gegen den Künstler und die Präsentation eines seiner Bilder im Metropolitan Museum zu protestieren. Ähnlich wie Parker Bright sich mit seinem Körper vor das Dana-Schutz-Gemälde gestellt hatte, um dieses zu verbergen, posierte Sulkowicz vor dem Close-Werk und ebenso vor *Les Demoiselles d'Avignon* von Pablo Picasso im Museum of Modern Art. Auf diesem Bild habe der Maler, so Sulkowicz, »diese Linien verwendet, die den Körper der Frauen zerhacken.«[13] Noch mehr aber störte sie, dass die Museen nicht bereit seien, in den

12 Juliane Rebentisch, »Was dürfen Künstler?«, in: *Zeit Online* (14. März 2018), online verfügbar unter: {http://www.zeit.de/2018/12/moral-kuenstler-debatte-existenzberechtigung}.

13 Zitiert nach Sarah Cascone, »Artist Emma Sulkowicz Wore Asterisks – and Little Else – to Protest Chuck Close at the Met (and Picasso at MoMA)«, in: *artnet* (2. Februar 2018), online verfügbar unter: {https://news.artnet.com/art-world/emma-sulkowicz-performance-protest-1214429}.

Wandtexten das unziemliche Verhalten der Künstler zu vermerken.

Kurz vor dieser Aktion war in der *New York Times* ein Artikel unter der Überschrift »Chuck Close is Accused of Harassment. Should his Artwork Carry an Asterisk?« (»Chuck Close wird sexuelle Belästigung vorgeworfen. Sollten seine Kunstwerke mit einem Sternchen versehen werden?«) erschienen, in dem es viele Museumsdirektoren grundsätzlich ablehnten, die Werke inkriminierter Künstler eigens zu kennzeichnen und mit Anmerkungen zu Vorwürfen oder Taten zu versehen.[14] Um nicht nur gegen Close und Picasso, sondern auch gegen diese Haltung der Museen zu protestieren, hatte Sulkowicz sich vor den Gemälden fast ganz entkleidet, auf den Brüsten trug sie aus Klebeband verfertigte Sternchen. Verglichen mit dem Ausmaß, in dem Frauen durch Künstler missbraucht würden, sei ein solches Hinweiszeichen, angebracht neben den Kunstwerken, ja wohl das Geringste, gab sie bekannt.

Das lässt sich als eine Forderung nach ausgleichender Gerechtigkeit verstehen: Wer in der Welt außerhalb der Kunst schuldig wird, soll dafür auch mit seiner Kunst geradestehen. Doch um dieses Bedürfnis nach rezeptionspolitischer Rache zu demonstrieren, hätte sich Sulkowicz nicht unbedingt entkleiden müssen. Sie tat es, weil es für sie noch einen zweiten Grund gab, die Bilder zu eskamotieren: in ihnen gewinnen die beschuldigten Künstler eine bedrohliche Präsenz. Nackt

14 Robin Pogrebin und Jennifer Schuessler, »Chuck Close Is Accused of Harassment. Should His Artwork Carry an Asterisk?«, in: *The New York Times* (28. Januar 2018), online verfügbar unter: {https://www.nytimes.com/2018/01/28/arts/design/chuck-close-exhibit-harassment-accusations.html}.

demonstrierte Sulkowicz ihre Verletzlichkeit und damit die verletzende Kraft der Kunst, die einzig durch die Sternchen auf ihrem Körper gebannt werden könne. Auf diese Weise bewehrt, stellte sie sich ihrerseits vor die Bilder: nicht um diese vor den Blicken der Rezipienten zu schützen, nein, um die Blicke der Bilder, ihre versehrende Wirkung abzufangen.

Man muss die Bedeutung dieser Aktion nicht überbewerten, und doch artikuliert sich in ihr jene Angst besonders deutlich, ohne die das Übermalen und vorsorgliche Abhängen von Kunstwerken kaum zu erklären ist. Es ist eine Angst vor der sich selbst hysterisierenden Öffentlichkeit der Digitalmoderne; es ist aber ebenso eine vormoderne Angst vor der Selbstwirksamkeit der Bilder, die erst den Künstler infizierten und nun das Publikum bedrohten. Im Mythos der Medusa ist diese Selbstwirksamkeit besonders prägnant formuliert, in der Geschichte eines Ungeheuers mit Schlangenhaaren, bei dessen Anblick ein jeder zu Stein erstarrte. Selbst als Perseus ihm den Kopf abgeschlagen hatte, verlor sich die bannende Wirkung des Ungeheuers nicht, und so musste er das Medusenhaupt in einer Tasche verhüllt mit sich herumtragen.

Heute soll das Unerklärliche der Kunst durch Erklärungen gebannt werden, durch rationalisierende Worte oder dadurch, dass sie ungezeigt bleibt (und sozusagen in der Tasche des Depots verwahrt wird). Zugleich verhindert allerdings eine solche Abwehrreaktion ebenjene Distanznahme, die man sich wünscht. Erst durchs Verbergen treten die Werke deutlich hervor. Erst im Ringen um Gut und Böse und der Aburteilung des Künstlers wird die Kunst mit einer Kraft aufgeladen, die sie als Bedrohung erscheinen lässt. Es ist wie in der Sage vom Bildhauer Pygmalion, der eine seiner Statuen so sehr liebt, dass sie am Ende lebendig wird. Nur dass es in Fällen wie dem von Close oder Picasso der moralische Groll ist, der den Bildern zu unerwarteter Macht verhilft – und ihnen gleichwohl die Freiheit nimmt. Beendet ist das ästhetische Spiel, das immer ein Spiel der Ambivalenzen ist. Der freie Blick wird versperrt.

Erst die Scheidung von Kunst und Moral hatte diesen Blick ermöglicht, erst diese gedachte Trennung räumte der Kunst die Freiheit ein, sich mit ihren spezifischen Mitteln auf moralische Sujets einzulassen und von innen heraus zu beleuchten. Soll sie aber auf äußeren Zwang hin Moral beweisen und das Gute demonstrieren, wird sie nie glaubwürdig auftreten, eben nicht frei, sondern im höheren Auftrag und in der Wirkung bevormundend. Erst ihre unbedingte Unzuständigkeit, die in der Freiheit gründet, schließt sie für den Rezipienten auf und macht die ästhetische Erfahrung produktiv, weil ihnen keine andere Instanz entgegentritt als die Kunst selbst.

Integration
Der Fall Eugen Gomringer oder: Wie frei ist die Gesellschaft?

Es war der Silvesterabend 2015, als Joe Gibbons eine Bank betrat und den Angestellten einen Zettel überreichte: »Dies ist ein Banküberfall. Große Scheine.« Für diese Tat wurde der Künstler zu einem Jahr Gefängnis verurteilt, obgleich er geltend machte, es habe sich bei dem Überfall in Wahrheit um eine Performance gehandelt, inspiriert von dem Lyriker Arthur Rimbaud. Das Massachusetts Institute of Technology (MIT), an dem Gibbons einige Jahre gelehrt hatte, bescheinigte ihm, seine Kunst lasse »die Grenzen zwischen Fakt und Fiktion, Selbst und lyrischem Ich verschwimmen«.[1] Das Gericht aber ließ sich von diesen theoretischen Erwägungen nicht beeindrucken, Raub war Raub und sollte es bleiben.

Am Fall Joe Gibbons zeigt sich auf geradezu realallegorische Weise, wie gefährlich es für die Freiheit der Kunst sein kann, wenn sich Sein und Schein zum Verwechseln nahe kommen. Gerade darauf zielte jedoch die Avantgarde des 20. Jahrhunderts: auf verschwimmende, verschwindende Grenzen zwischen Kunst und Leben. Die Gesellschaft sollte umgewälzt, geläutert, im künstlerischen Sinne erleuchtet und damit frei werden. So würde die Autonomie als Idee des selbstbestimmten Subjekts nicht auf die Kunstwelt beschränkt bleiben, vielmehr würde sie alle und alles erfassen. Daher sah das adventistische Programm vor, die Trennung von pri-

1 Siehe das kurze Porträt des Künstlers auf der Website des MIT unter: {http://act.mit.edu/people/faculty/joe-gibbons/}.

vater und öffentlicher Lebenssphäre aufzugeben und durch eine neue Ganzheitlichkeit zu ersetzen. »Ich kenne kein Weekend«, hieß es bei Joseph Beuys in den siebziger Jahren. »Jeder Mensch muss sich verschleißen. [...] Man muss lebendig zu Asche verbrennen tatsächlich, nicht erst im Tod.«[2] Das war antibürgerlich gemeint, eine Ansage gegen jene Spießer, die sich an ihr Wochenende klammern und nicht bereit waren, ihr Dasein zu entgrenzen und sich dieser Entgrenzung ganz und gar hinzugeben. Ähnlich gründete das Freiheitsversprechen in den Augen vieler Künstler weniger in der Produktion, der Distribution und Rezeption der Kunst als in deren Integration ins Leben.

Diese Integration ist im »ästhetischen Kapitalismus« (Gernot Böhme), fast ein halbes Jahrhundert nach dem Beuys'schen Appell, für ein breites gesellschaftliches Milieu zur Alltagserfahrung geworden. Nicht nur hegt dieses Milieu ein gesteigertes Interesse an Filmen, Ausstellungen, Büchern, es will sich auch kulturbewusst ernähren, kleiden, einrichten, reisen. Um die Selbstbestimmung, von den Künstlern gepriesen, für sich einzulösen, sucht das meist gut situierte Milieu nach Möglichkeiten der Integration: Das regulierte und das kreative, das regional ökologische und das kosmopolitisch plurale Leben will es zusammenführen. Im Unterschied zur fordistischen Ära, die noch hart zwischen den Sphären schied, sind die Grenzen insbesondere zwischen Arbeit und Freizeit für viele Menschen der Digitalmoderne fließend geworden – und in gewisser Weise wird der Beuys-Appell, man müsse

2 Zitiert nach Harald Martenstein, »Mit Beuys ungesund leben«, in: *Der Tagesspiegel* (15. Februar 2017), online verfügbar unter: {https://www.tagesspiegel.de/kultur/martensteins-berlinale-7-mit-beuys-ungesund-leben/19398206.html}.

»lebendig zu Asche verbrennen«, nun umgesetzt. Der Befund heißt in solchen Fällen Burn-out.

»Die Vielzahl von gesellschaftlich akzeptierten Lebensformen und Lebensentwürfen hat deutlich zugenommen in den letzten 20 Jahren«, konstatiert der Soziologe Sighard Neckel und hebt zugleich die Ambivalenzen der Pluralisierung hervor, denn die kulturelle Liberalisierung sei mit einer ökonomischen Liberalisierung einhergegangen, ja habe sogar aktiv dazu beigetragen.[3] Schon 1999 konnten Luc Boltanski und Ève Chiapello darlegen, wie »der Kapitalismus im Laufe der letzten dreißig Jahre zu weiten Teilen seinen Geist verändert hat«.[4] Insbesondere die Künstler hätten den alten, streng hierarchisch geprägten Kapitalismus für seine Entfremdungserscheinungen kritisiert und mehr Authentizität eingeklagt. Auf diese Weise konnten sie dazu beitragen, dass neue Leitbilder in die Arbeitswelt einzogen und nun größter Wert auf jene Fähigkeiten gelegt wird, die man klassischerweise der Kunstwelt zuschreibt, etwa Spontaneität, Mobilität und Kreativität. Der Künstler ist zum Inbild einer postfordistischen Ökonomie aufgestiegen, weil sich die Warenwelt einerseits ästhetisierte und andererseits die Produktionsprozesse kunsthafter gestaltet werden sollten, flexibler, unbegrenzter, freier.

Just diese Integration der Kunst, die lebensweltliche und ökonomische Totalisierung vieler ihrer Prinzipien, führt jedoch dazu, dass ihre Freiheit beschränkt wird und ebenfalls »lebendig zu Asche verbrennen« könnte. Die Freiheit besteht

3 »Kulturelle Ressourcen. Sabine Hark und Sighard Neckel im Gespräch über Ressentiments und Rachegefühle«, in: *Texte zur Kunst* 106 (2017), S. 42-63, hier S. 47.

4 Luc Boltanski und Ève Chiapello, *Der neue Geist des Kapitalismus*, Konstanz 2003, S. 142.

und vergeht zugleich, sie treibt ihre eigene Auflösung hervor, sie ist ein Akteur der Liberalisierung und ist ihr Opfer.

Einen besonders prägnanten Beleg für diese Entwicklung bietet die Kontroverse um ein Gedicht von Eugen Gomringer, der als Begründer der Konkreten Poesie gilt und bis zum Sommer 2017 nur einem überschaubaren Kreis von Lyrikfreunden bekannt gewesen sein dürfte. Das änderte sich, als drei Studentinnen der Alice Salomon Hochschule in Berlin einen offenen Brief aufsetzten und »die Thematisierung einer Gedichts-Entfernung/-ersetzung im Akademischen Senat zum nächstmöglichen Zeitpunkt« verlangten.[5] Die Hochschule hatte Gomringer ihren Poetik-Preis verliehen und 2011 als »bleibende Erinnerung«, wie es hieß, eines seiner Gedichte an ihrer Südfassade anbringen lassen, fünfzehn Meter hoch, vierzehn Meter breit. Dieses Gedicht sei jedoch »als offizielles Aushängeschild« ungeeignet, befanden die Studentinnen, rasch unterstützt von etlichen Kommilitonen. Geschrieben hatte Gomringer »ciudad (avenidas)« im Jahr 1951 auf Spanisch, die deutsche Übertragung lautet: »Alleen / Alleen und Blumen // Blumen / Blumen und Frauen // Alleen / Alleen und Frauen // Alleen und Blumen und Frauen und / ein Bewunderer«.

Im offenen Brief heißt es dazu: »Dieses Gedicht reproduziert nicht nur eine klassische patriarchale Kunsttradition, in der Frauen* ausschließlich die schönen Musen sind, die männliche Künstler zu kreativen Taten inspirieren, es erinnert zudem unangenehm an sexuelle Belästigung, der Frauen* alltäglich ausgesetzt sind.«

5 Der offene Brief ist online verfügbar unter: {http://www.asta.asfh-berlin.de/de/News/offener-brief-gegen-gedicht-an-der-hochschulfassade.html}.

Zwei Gründe werden also genannt, die eine Übermalung des Gedichts rechtfertigen sollten: Der eine verweist in die Geschichte, die von einer männlich beherrschten Kunstauffassung geprägt gewesen sei; der andere bezieht sich auf lebensweltliche Erfahrungen, die im Assoziationsraum des Gedichts vergegenwärtigt würden. In den breit angelegten Debatten, die sich bald an der Hochschule entwickelten, spielte vor allem die zweite Begründung eine hervorgehobene Rolle; das Gomringer-Gedicht habe einen »potenziell sexistischen Inhalt«, befand Debora Antmann, die Frauenbeauftragte der Hochschule.[6]

Schließlich stimmte der Akademische Senat für eine Entfernung des Werks, nachdem zuvor lange und kontrovers in den Gremien debattiert worden war. Jeder war zu Wort gekommen, allen demokratischen Gepflogenheiten wurde entsprochen. Und so lässt sich sowohl die Diskussion als auch die Entscheidung gegen das Gedicht als Ausdruck eines egalitär gesinnten Kunstverständnisses begreifen.

Die öffentlichen Reaktionen darauf klangen jedoch, als drohe in Deutschland eine neue Diktatur und Gomringer sei dem unterdrückerischen Regime als Erster anheimgefallen. Das deutsche PEN-Zentrum veröffentlichte eine Protestnote: »Wir sind zutiefst beunruhigt über eine Entwicklung, die darauf abzielt, der Kunst einen Maulkorb vorzuspannen oder sie gar zu verbieten.«[7] Weiter wurden die Studenten auf-

6 Zitiert nach Jochen-Martin Gutsch, »Die Schönheit der Welt«, in: *Der Spiegel* 5 (2018), S. 58-60, hier S. 60.

7 PEN-Zentrum, »PEN-Zentrum Deutschland für Erhalt des Gedichts ›Avenidas‹ des Lyrikers Eugen Gomringer an Südfassade der Alice-Salomon-Hochschule, Berlin«, Pressemitteilung vom 5. September 2017, online verfügbar unter: {http://www.pen-deutschland.de/de/2017/09/05/pen-zentrum-deutschland-fuer-erhalt-des-gedichts-

gefordert, gefälligst zu bedenken, »welche Konsequenzen eine solche Zensur letztlich hätte, und sich mit dem Phänomen der Bilderstürmerei in Vergangenheit und Gegenwart auseinanderzusetzen.« Der Ehrenpräsident des PEN, Christoph Hein, sprach von »barbarischem Schwachsinn«, verbrochen von »Kulturstürmern«. Entsprechend verstand sich die Stiftung Brandenburger Tor, die Kulturstiftung der Berliner Sparkasse, als eine Art Refugium der Kunstfreiheit, als sie sich nach der Hochschulentscheidung dazu entschloss, das Gomringer-Gedicht auf einem Banner an ihrem Gebäude zu zeigen. In einer begleitenden Verlautbarung unter dem Titel »Für die Freiheit der Kunst« hieß es, man wolle demonstrieren, »dass Kunst mehr kann und darf, als einer vermeintlichen political correctness zu entsprechen«.[8]

Ähnlich wie die Studentinnen verwies die Stiftung damit auf die Geschichte, auf ihre unterdrückerische Dimension, allerdings nicht ausdrücklich auf die maskuline, dafür auf die politische: »Auch die Kunst von Max Liebermann wurde einst in deutschen Museen abgehängt und der Öffentlichkeit vorenthalten. Die Zensur von Kunst hat in Deutschland eine verheerende Tradition und darf sich nicht wiederholen.«

Allerdings schienen die Kritiker der kritischen Studenten ihrer eigenen Darlegung nicht ganz zu trauen. Dass sie in der Hochschulentscheidung in Wahrheit weniger einen Fall von systematischer, gar staatlicher Verfolgung sahen, son-

avenidas-des-lyrikers-eugen-gomringer-an-suedfassade-der-alice-salomon-hochschule-berlin/}.

8 Stiftung Brandenburger Tor, »Für die Freiheit der Kunst«, Pressemitteilung vom 21. Februar 2018, online verfügbar unter: {http://stiftungbrandenburgertor.de/wp-content/uploads/2018/03/Pressemitteilung_SBT_Präsentation-von-ciudad-avenidas-am-Max-Liebermann-Haus.pdf}.

dern eher ein grobes Missverständnis, gaben sie durch ein eingestreutes, nicht übersetztes Zitat aus Susan Sontags Essays »Against Interpretation« zu erkennen: »Interpretation is the revenge of the intellectual upon art.«[9] In ihrem Aufsatz hatte die Schriftstellerin 1966 verlangt, man möge der Hermeneutik eine »Erotik der Kunst« entgegensetzen, eine sinnliche Erfahrung der Form. Entsprechend argumentierte nun die Verlautbarung der Stiftung, die Hochschule habe Gomringers Gedicht falsch, nämlich unsinnlich ausgelegt und allein deshalb von der Fassade tilgen wollen.

Erhellender allerdings, insbesondere für die Frage nach der Kunstfreiheit, ist weniger der Streit um die tatsächlich richtige Annäherung und Auslegung. Gerade die Art und Weise, wie die Hochschule das Gedicht interpretierte, welche Projektionen dabei zutage traten, verrät weit mehr darüber, welche Folgen die Integration der Kunst zeitigt und welches geistige Klima sich dabei zu entwickeln vermag. Erst in diesem Klima konnte das Vorkommnis, das zu anderen Zeiten wohl als hauptstädtische Provinzposse abgetan worden wäre, zu einem Kulturkampf von nationaler Bedeutung werden.

Ohne dass der Begriff des »Offenen Kunstwerks«, den Umberto Eco in den sechziger Jahren prägte, in ihren Äußerungen gefallen wäre, wurde er von den Studenten doch mit großem Selbstbewusstsein vertreten. Ihre Einwände gegen Gomringers Kunst hätten »nichts mit Zensur zu tun«, hieß es in ihrem Schreiben, vielmehr verdankten sie sich einer emanzipierten Form der Rezeption. So plädierten die Studenten für einen Betrachter, der nicht autoritär bevormundet wird,

9 Susan Sontag, »Against Interpretation«, in: dies., *Against Interpretation and Other Essays*, London 2009, S. 7. Tatsächlich lautet das Zitat: »Interpretation is the revenge of the intellect upon art.«

der vielmehr mündig seine eigenen Urteile formuliert – und diese Urteile berücksichtigt sehen will. Daher richtete sich die Kritik zwar einerseits an das Gedicht, andererseits aber ebenso an den Gestus, mit dem es präsentiert wurde. Das Gedicht an eine Wand zu malen, es zu monumentalisieren, wirkte in den Augen der Studenten wie ein obrigkeitsbestimmter Aufruf und in ihren Ohren habe dieser gelautet: »Ihr müsst das gut finden! Das ist Kunst! Sonst versteht ihr das nur nicht!«

Die Studenten beharrten auf einer selbstbestimmten Wahrnehmung und scheuten sich nicht, ihre Laienperspektive gegen die Expertenmeinungen auszuspielen. In ihrem Antwortschreiben an einen imaginierten Kritiker hieß es: »Und nein, du kennst dich nicht besser aus. Auch nicht, wenn du was mit Kunst oder so studiert hast.«[10]

In dieser Argumentation wird deutlich, wie weit die Integration der Kunst in das Alltagsdenken eingesunken ist. Vornehmlich der antiakademische Impuls gehört zu den Grundzügen der Moderne, die Auffassung also, dass jede verbindliche Vorstellung von Kunst, wo sie noch existiere, zu unterminieren sei und es allgemeine Kriterien zur Beurteilung der Qualität nicht mehr geben könne. Noch 2014 stellte Adam Szymczyk, der Künstlerische Leiter der Documenta 14, die rhetorisch gemeinte Frage: »Wie ist Qualität zu definieren?« Die Antwort: Für ihn sei das »eine leere Kategorie«, denn diese unterstelle, es gebe verbürgte und als sicher gelten-

10 Asta der Alice Salomon Hochschule Berlin, »Stellungnahme des Asta zur aktuellen Debatte um die Neugestaltung der Südfassade der Alice Salomon Hochschule« (13. September 2017), online verfügbar unter: {http://www.asta.asfh-berlin.de/de/News/stellungnahme-des-asta-zur-aktuellen-debatte-um-die-neugestaltung-der-suedfassade-der-alice-salomon-hochschule.html}.

de Werte. In Wahrheit sei Qualität »immer die Qualität von jemand anderem«.[11]

Um diese Relativierung weiter voranzutreiben und die Subjektivierung zu stärken, setzen nicht wenige Künstler der Gegenwart auf ebendas, was die Berliner Studenten einfordern: auf Partizipation. Weil die Betrachter nicht selten als passiv, als konsumistisch wahrgenommen werden, sollen sie im Museum selbst kreativ werden, sich also als Mitkünstler wahrnehmen. So stellte der Künstler Jeppe Hein mit flüssiger Farbe gefüllte Klangschalen in eine Ausstellung in Wolfsburg, und der Besucher war aufgefordert, mit einem Klöppel an die Schalen zu schlagen, so dass einzelne Tröpfchen auf das der Schale unterlegte Papier spritzten und ein Bild zum Mitnehmen entstand. Ins Ironische gewendet, setzte auch Maurizio Cattelan auf das Prinzip Partizipation, als er im Guggenheim Museum in New York eine reguläre Toilette durch ein Exemplar aus reinem Gold ersetzen ließ, ein Kunstwerk, in das hinein sich die Besucher entleeren sollten. Mehr als 100 000 folgten dieser teilnehmenden Form der Kunstvereinnahmung. Und zumindest einige fühlten sich durch diese Art von Einbeziehung am Ende derart inspiriert, dass sie nach dem Abbau der goldenen Toilette abermals aktiv wurden und einer regulären Kloschüssel des Guggenheim ein selbstgehäkeltes Goldgewand verpassten. Diese Form von Yarn Bombing als autonomes kreatives Tun ist sonst vorwiegend auf Straßen und Plätzen zu beobachten; hier wurde, ganz dem Partizipationsdenken folgend, das Museum zum öffentlichen Freiraum.

Aber nicht nur Künstler, ebenso Kunstvermittler setzen

11 Carmela Thiele, »›Qualität ist eine leere Kategorie‹«, in: *taz* (18. März 2014), online verfügbar unter: {http://www.taz.de/!5046209/}.

verstärkt auf Einbeziehung und einen möglichst persönlichen Zugang. »Analog zur insgesamt gestiegenen gesellschaftlichen Bedeutung von Mitsprache und Beteiligung ist ›Partizipation‹ seit einigen Jahren zu einem zunehmend wichtigen Schlagwort in der museologischen Debatte avanciert.«[12] In der Folge dieser emanzipativ begriffenen Entwicklung sollen Distanzen abgebaut werden und einer möglichst intensiven Nahbeziehung zwischen Werk und Betrachter weichen. Der Integrationsgedanke wird hier zum Programm. Und so bestimmt weniger der ästhetische *Aus*druck, dafür stärker der gefühlte *Ein*druck die Qualitätsvorstellung eines Kunstwerks.

Nicht verwunderlich ist es deshalb, dass die Studenten vor allem diesen Eindruck vortragen und ein Gefühl zum zentralen Argument ihrer Kritik am Gomringer-Gedicht machten. Sie sprachen in ihren offenen Briefen von einem »komischen Bauchgefühl« und gleich zwei Mal tauchte der Begriff »Angst« auf. Dabei waren es nicht konkrete Gedichtzeilen, in denen sich für die Studenten etwas Beängstigendes aussprach. Es waren ihre Assoziationen, ihre eigenen Vorstellungen, die ihnen Angst machten. Nicht das Gesagte, das Nicht-Gesagte wurde zum Auslöser des Gefühls. Und dieser relative Eindruck wurde dabei keineswegs selbst relativiert, sondern in der Debatte wie eine verallgemeinerbare Tatsache vorgebracht.

In vielen der neuen Kulturkämpfe wird das eigene Empfinden verabsolutiert, der persönliche Eindruck zählt mehr als der Ausdruck der Kunst. Wer hingegen die Kunst verteidigt,

12 Anja Piontek, »Partizipative Ansätze in Museen und deren Bildungsarbeit«, auf: *Kulturelle Bildung Online* (2016/2017), online verfügbar unter: {https://www.kubi-online.de/artikel/partizipative-ansaetze-museen-deren-bildungsarbeit}.

wird als jemand wahrgenommen, der die Gefühle Einzelner oder einer Gruppe reglementieren wolle. So formulierten es auch Studenten, die in Göttingen gegen eine in ihren Augen sexistische Kunstausstellung in der Mensa der Universität protestierten und dabei auf ein Studentenwerk trafen, das sich zunächst offensiv für die Kunstfreiheit einsetzte (vergleiche S. 56f.). Durch diese Reaktion, ließen die Studenten wissen, habe man »den Betroffenen die Mündigkeit in Bezug auf die zugrunde liegende Empfindung abgesprochen«, und das sei »in hohem Maße übergriffig« gewesen.[13] Nicht nur die Bilder, ebenso die Verteidigung derselben wurden als Angriff wahrgenommen.

Diese starke Betonung der Affekte, die als Inbegriff der eigenen Glaubwürdigkeit gelten, wird in solchen Konflikten gegen die Kunstfreiheit eingesetzt, obgleich sich mit einigem Recht behaupten ließe, dass sie sich letztlich ebendieser Freiheit in nicht unerheblichem Maße verdankt. Erst einer von allen äußeren Normen befreiten Kunst, die nicht länger den Anforderungen ihrer Auftraggeber und den Schönheitsvorstellungen der Tradition genügen musste, erlaubte es den Künstlern, sich vornehmlich auf eigene, emotional bestimmte Werte zu berufen. Ende des 19. Jahrhunderts entwickelte Alois Riegl seine Theorie des Kunstwollens, in der das Könnerschaftliche deutlich abgewertet wird, weil es vor allem auf das Innerliche ankomme, darauf, wie unbedingt und kraftvoll die Gefühle zum Ausdruck gelangen. Im Kunstwollen sah Riegl »das einzig sicher Gegebene«, wichtiger als alle Äußerlichkeiten, die Einfluss auf ein Kunstwerk nehmen

13 Siehe den offenen Brief der Wohnrauminitiative Göttingen auf Facebook: {https://www.facebook.com/Wohnrauminitiative/posts/1707875772558739}.

könnten.[14] Es zählten primär Ethos und Expression, nicht etwa handwerkliche Raffinesse und Schulung, und so durften sich nun ebenfalls die Ausdrucksformen der Laien, der Kinder oder außereuropäischer Völker verstanden und ernst genommen fühlen.

Schon in Riegls Zeiten entstand die Grundlage für die Affekt- und Partizipationskultur, die von absoluten Wertzuschreibungen nichts wissen will. Viele Künstler der Moderne folgten einem solchen Denken, in dem die Form dem Gefühl gehorcht und es dieses Gefühl ist, das der neuen Subjektivität, die ja stets ins Kontingente zu kippen droht, eine eigene Triftigkeit verleihen soll. In der Digitalmoderne ist dieses Künstlerverlangen nach dem wahrhaft Empfundenen allgemein geworden: »[D]ie Subjekte lechzen danach, affiziert zu werden und andere affizieren zu können, um selbst als attraktiv und authentisch zu gelten«, schreibt der Soziologe Andreas Reckwitz.[15]

Als besonders geeigneter Authentizitätsbeleg erweisen sich dabei Emotionen von unabweisbarer Dringlichkeit, insbesondere Angst- und Verletzungsgefühle. Ohne seine traumatischen Kriegserlebnisse wäre Joseph Beuys nie zum Mythos aufgestiegen. Louise Bourgeois bezeichnete ihre Kindheit voller Ängste, Bedrohungen und Verletzungen als Quelle ihrer künstlerischen Kreativität. Ebenso wurde für Marina Abramović der Schmerz im Leben wie in der Kunst zum großen Movens, und die vorbehaltlose Zurschaustellung dieser Schmerzen brachte ihr allgemeine Anerkennung ein.

14 Alois Riegl, *Naturwerk und Kunstwerk I*, in: ders., *Gesammelte Aufsätze*, Berlin 1995, S. 60.

15 Andreas Reckwitz, *Die Gesellschaft der Singularitäten*, Frankfurt a. M. 2017, S. 17.

Diese Künstler leben der Affektgesellschaft vor, auf welche Weise das Individuum seine Unverwechselbarkeit auszuprägen vermag. Je weiter die Grenze zwischen Leben und Werk, zwischen privater und öffentlicher Sphäre verschwindet, desto weiter »wandert die Aura vom Werk zum Künstler, er selbst ist nun die entscheidende Instanz, um die sich die Glaubenden versammeln und an der sich die Ungläubigen reiben«.[16] Nicht das, was das Individuum hervorbringt, nicht seine Leistung ist demnach entscheidend, vielmehr sind seine inneren Werte wichtig, und diese artikulieren sich im Affekt, der besonders durchdringende Wirkung entfaltet, wenn er von Verletzungen zeugt. Im Kulturkapitalismus ist daher – neben dem Kreativitäts- und dem Selbstbestimmungsdrang – auch der Bekenntniswille zum Unwohlsein, zur eigenen Verletzlichkeit und zur Angst prägend geworden.

Gerade in einer Gesellschaft der positiven Affekte, wie sie Reckwitz beschreibt, vermögen negative Gefühle besonders durchdringende Wirkung zu erzielen. Es stimmt nämlich nicht, was der Theatermacher Frank Castorf einmal sagte: dass »heute keiner mehr Lust hat, mit dem etwas anzufangen, was ihn belastet, frustriert, quält«.[17] Vielmehr ist Angst zur Ressource geworden, und wer sich als Opfer zu erkennen gibt, zeigt einerseits Schwäche, andererseits aber seine Überlegenheit im Ringen um die rechte Tugend. *Zeige deine Wunde* heißt eine Installation von Joseph Beuys aus dem Jahr 1976.

16 Konrad Paul Liessmann: »Vom Wert der Kunst für die Gesellschaft«, in: Konrad Paul Liessmann und Thomas Daniel Schlee, *Grenzen (in) der Kunst*, Klagenfurt/Celovec 2014, S. 15.

17 Zitiert nach Petra Paterno, »Wanderer mit offenem Herzen«, in: *Wiener Zeitung* (11. Mai 2016), online verfügbar unter: {https://www.wienerzeitung.at/nachrichten/kultur/buehne/818155_Wanderer-mit-offenem-Herzen.html}.

Ohne dieses Wundenzeigen sind die neuen Kulturkämpfe um die freie Kunst nicht vorstellbar.

Mehrere Gründe gibt es dafür, warum Affekte in der Digitalmoderne an Bedeutung gewinnen. Zum einen verschließt sich die Welt durch die neue Technik immer weiter dem Handgreiflichen und Anschaubaren, sie wird zum unsichtbaren Datenstrom, zur nie erblickten Wolke, und entsprechend attraktiv erscheint alles, was Sinnlichkeit verspricht, eine nicht abstrakte Berührtheit. Zum anderen ist die Affekt-Ressource deshalb begehrt, weil sie sich selbst vermehrt: Affekte erzeugen Affekte, falls man sie in der Öffentlichkeit richtig einzusetzen weiß, und sie bringen einem jene Aufmerksamkeit ein, von der man zugleich behaupten kann, sie werde einem vorenthalten. Drittens bieten sie ein Ordnungsmuster, mit dem sich die hyperkomplexe Gegenwart sortieren lässt: in Wohl- und Unwohlsein. Wer sich ganz auf sein Gefühl verlässt, vermag sich frei zu fühlen: davon, nach besseren Argumenten, überzeugenderen Fakten, klügeren Schlussfolgerungen suchen zu müssen. Er braucht seine Entscheidung nicht im Horizont des Großen und Ganzen zu treffen, er trifft sie im Rückbezug auf die eigenen Affekte, allein ihnen muss er entsprechen. Daher liegt in diesem Rückbezug auch eine Verheißung auf Schuldlosigkeit: Das Ich verantwortet allein seine Gefühle, und solange es dieser Verantwortung gerecht wird, tritt alles andere zurück. Die Aktivistin Sarah Schulman nennt es das Prinzip der »ethischen Jungfräulichkeit«.[18]

Dieses Prinzip lässt sich an der Berliner Hochschule ebenso beobachten wie in vielen privilegierten Gruppen, die es

18 »Echte und falsche Opfer. Sarah Schulman im Gespräch mit Caroline Busta und Anke Dyes«, in: *Texte zur Kunst* 107 (2017), S. 40-57, hier S. 51.

verinnerlicht haben. Sie kultivieren ihre Affekte, und vor allem das »Wundenzeigen« erweist sich im Hinblick auf die erhoffte »ethische Jungfräulichkeit« als produktiv. Man hat gelernt, dass »die Guten« in aller Regel »die Schwachen« sind, jene, die ausgegrenzt, verletzt, gedemütigt worden sind, daher keine Macht haben, ergo keine Verantwortung tragen und also im engeren Sinne kaum schuldig werden können. Aus diesem Grund ist »man gerade unter Privilegierten heftig bemüht, einen Aspekt der eigenen Nichtprivilegiertheit zu finden und ihn in den Vordergrund zu stellen«, wie der Philosoph Robert Pfaller darlegt.[19]

Ebenso verbreitet ist das Bemühen, auf die fragwürdigen Privilegien anderer zu verweisen, um sich der eigenen Fragwürdigkeit zu entheben. Dafür bietet sich ebenfalls die Kunstwelt an, die ja stets einen privilegierten Status genießt, nämlich den ihrer proklamierten Autonomie. So wurde beispielsweise die Künstlerin Cindy Sherman, bekannt als postmoderne Rollenspielerin, dafür angegriffen, dass sie sich rassistischer Stereotypen bedient habe. Für ihre 1976 entstandene Fotoserie *Bus Riders* hatte sie sich unter anderem die Identität von Schwarzen anverwandelt, damals war die Künstlerin zweiundzwanzig Jahre alt. Vierzig Jahre später wird ihr von einer anderen Künstlerin, die unter den Namen E. Jane, Mhysa oder E. The Avatar auftritt, unter dem Hashtag #cindygate vorgeworfen, es mangele ihr an Sensibilität und an historischem Bewusstsein.

An diesem Fall offenbart sich ein weiterer willkommener Nebeneffekt der unguten Gefühle: Es wird nicht gefragt, warum Sherman als Schwarze auftrat, ob sie bewusst oder unbe-

19 Robert Pfaller, *Erwachsenensprache. Über ihr Verschwinden aus Politik und Kultur*, Frankfurt a. M. 2017, S. 177.

wusst Stereotype einsetzte und wie sich die Fotoserie im Vergleich zu anderen Kunstwerken jener Zeit ausnimmt. Die Historizität interessiert nicht, weil die Fakten nicht interessieren. »Der Affekt immunisiert gegen Fakten. Es kommt nicht so sehr darauf an, ob etwas stimmt, als darauf, dass es affektiv anschlussfähig ist«, wie der Soziologe Ulrich Bröckling beobachtet hat.[20]

Allerdings bringt das Regime der unguten Affekte auch einige Nachteile mit sich: Wird die Klage über das bekundete Unwohlsein erhört, wird also das Mögliche getan, um die Quellen der Angst und der Verletzung zu beseitigen, dann tritt eine gewisse Zuwendungsleere auf, denn die Quellen der Angst sind zugleich Quellen der Aufmerksamkeit. Entsprechend verfeinern sich die Ängste, und folglich ist seit einiger Zeit von Mikroaggressionen die Rede, die sich insbesondere an Dingen festmachen lassen, die nicht unbedingt ausgesprochen oder ausgeführt werden müssen, um trotzdem ihre verletzende Wirkung zu entfalten. Der Fall Gomringer ist für diese Art von Verletzung ohne Verletzer ein sprechendes Beispiel.

An vielen Universitäten der angloamerikanischen Welt werden umfangreiche Anleitungen veröffentlicht, um Mikroaggressionen zu unterbinden. Zudem gehören Trigger-Warnungen vielerorts zum Lehrbetrieb, die alles, was Unwohlsein auslösen könnte, rechtzeitig abfedern sollen, etwa bei der Lektüre eines Romans wie *Things Fall Apart* von Chinua Achebe, der im kolonialen Nigeria spielt und Studenten kränken könnte, »die Rassismus, Kolonialismus, religiöse Verfolgung, Gewalt, Selbstmord und mehr erfahren ha-

20 Ulrich Bröckling, »Man will Angst haben«, in: *Mittelweg* 36/6 (2016), S. 3-25, hier S. 4.

ben«.[21] Unter dem Schlagwort »No Platform« wird außerdem verlangt, an der Universität dürften bestimmte Redner kein Podium bekommen, weil diese abweichende, möglicherweise kränkende Thesen verbreiteten. So sollte Germaine Greer, eine Vorkämpferin des Feminismus, an der Cardiff University einen Vortrag halten, allerdings erhob die Studentenvereinigung in einer Petition dagegen Einspruch: Greer habe »ihre misogynen Ansichten gegenüber Transfrauen« und die »Existenz einer Transphobie« immer wieder geleugnet. Hingegen sollten Universitäten »die Stimmen der Verletzbarsten auf ihrem Campus besonders wertschätzen und nicht Redner einladen, die danach trachten, diese noch weiter zu marginalisieren«.[22] Einige Sozialforscher in den USA sprechen bereits von einer Victimhood Culture, die dazu führe, dass Argumente im Zweifel von Affekten dominiert werden und ein intellektueller Austausch kaum noch möglich sei.

Doch nicht allein in dieser Bereitschaft mancher Milieus zur passiv-aggressiven Selbststigmatisierung lassen sich einige wiederkehrende Mechanismen aus der Kunstwelt wiedererkennen. Vom Künstler lässt sich ebenfalls lernen, dass Schmerz und Gewalt nicht unbedingt physisch, nicht unmittelbar erlitten werden müssen, um dennoch erhebliche Folgen zeitigen zu können. So sehen sich etliche jener Maler und Bildhauer, obwohl deren Kunst nicht wie bei Beuys oder Abramović von ihren Traumata beglaubigt wird, auf ähn-

21 Zitiert nach Bradley Campbell und Jason Manning, »Microaggression and Moral Cultures«, in: *Comparative Sociology* 13/6 (2014), S. 692-726, online verfügbar unter: {https://www.researchgate.net/publication/272408166_Microaggression_and_Moral_Cultures}, S. 34.

22 Angela Nagle, *Kill all Normies. Online Culture Wars from 4Chan and Tumblr to Trump and the Alt-Right*, Winchester und Washington 2017. S. 78.

liche Weise als Abgewiesene. Sie erfahren Ausgrenzung und Erniedrigung, werden verkannt in ihrem Anderssein, werden oft als Verrückte abgetan, und können gerade deshalb, in ihrer Beschämung durch die Mehrheit, als besonders sensibilisiert für höhere Wahrheiten gelten. Entsprechend kann auch derjenige als Opfer wahrgenommen werden, das lehrt das Künstlervorbild, der unter struktureller Gewalt und Abweisung leidet. Die Gesellschaft und damit das System bedrohen ihn nicht direkt, aber auf durchdringende Weise latent.

Besonders diese Latenz-Affekte waren es, die den Gomringer-Streit prägten. Die Studenten in Berlin sprachen vom »potentiellen Sexismus« des Gedichts. Man fühle sich daran erinnert, »dass objektivierende und potentiell übergriffige und sexualisierende Blicke überall sein können«.[23] Allein das schauende Auge, in diesem Fall eines Bewunderers, wird demnach als bedrohlich, als »übergriffig« empfunden. Es handelt sich um latente Gewalt, die als allgegenwärtig beschrieben wird. In dieser Omnipräsenz gehört die Gewalt unausweichlich zum System, wenngleich es einer Heuristik des Verdachts bedarf, den vollen Umfang potenzieller Übergriffigkeit zu erkennen.

Selbstverständlich lässt sich auch die Paranoia als geschätzte Geisteshaltung im Repertoire künstlerischer Errungenschaften wiedererkennen, insbesondere im Surrealismus. Bis in die Gegenwart ist es eine der beliebtesten Spielarten vieler Künstler, scheinbar wahllose Motive oder Gegenstände zu vielteiligen Installationen, Montagen und Arrangements zusam-

23 Asta der Alice Salomon Hochschule Berlin, »Offener Brief: Stellungnahme zum Gedicht Eugen Gomringers« (12. April 2016), online verfügbar unter: {http://www.asta.asfh-berlin.de/de/News/offener-brief-gegen-gedicht-an-der-hochschulfassade.html}.

menzufügen, weil sie – frei nach Aby Warburg – ein geheimnisvoller Tiefensinn verbinde und »potenziell« mit Bedeutung auflade. Als Pendant zu dieser eher spielerischen Form von Dingverschwörung entwickelte sich – gerade unter dem Einfluss von Michel Foucault – eine bedrohliche Weltvorstellung, die überall eine nicht zu greifende, just in dieser Ungreifbarkeit aber besonders gewalttätige Macht wahrzunehmen meint.

Bei Pierre Bourdieu klingt dieser Gedanke an, wenn er von einer »symbolischen Gewalt« spricht, »die sich der stillschweigenden Komplizität derer bedient, die sie erleiden, und oft auch derjenigen, die sie ausüben, und zwar in dem Maße, in dem beide Seiten sich dessen nicht bewusst sind, dass sie ausüben oder erleiden«.[24] So existiere eine Zensur, für die kein offener Zwang ausgeübt werden müsse, weil sie sich auf das »Verstecken durch Zeigen« verstehe. Wenn aber die Gewalt in allem steckt, ob sie nun bemerkt wird oder nicht, dann dürfen sich alle als Opfer fühlen, denn sie sind Opfer, zumindest potenziell. Aus dieser Opferperspektive scheint es geradezu geboten, sich gegen alles Bedrohliche zu wenden, zumal in Fällen, in denen es von der Mehrheitsgesellschaft verfügt worden ist wie das Gomringer-Gedicht und von dieser außerdem vehement verteidigt wird.

Hier zeigt sich der zweite große Nachteil einer Vorherrschaft der unguten Affekte: Nie weiß man genau, wer wen beherrscht – regiert das Ich die Gefühle oder sind es Gefühle, die das Ich regieren? Wie gesagt, es hat viele Reize und Vorteile, sich offen zu seiner Verletzlichkeit zu bekennen, doch leicht wird aus antizipierter eine wahre Angst. Daher rührt die große Konfliktbereitschaft, die sich durch die Kulturkämpfe zieht: Die großen Gefühle flammen auf – neben

24 Pierre Bourdieu, *Über das Fernsehen*, Frankfurt a.M. 1998, S. 21f.

Angst auch Hass und Zorn – und sollen gleichwohl bezwungen werden. Es ist ein Ringen um Kontrolle.

Diese Kontrolle wird in der Kunst, der sich so viele Grundmuster des emotionsgeleiteten Weltverstehens verdanken, vor allem durch die ästhetische Form gewährleistet. Angst wird in Bildern gebannt, ein Trauma im plastischen Ausdruck gebunden. Tatsächlich suchen auch viele der neuen Kulturkämpfer nach Möglichkeiten der kontrollierenden Einhegung auf symbolischem Terrain. Bekannt sind diese Einhegungsversuche vor allem unter dem stets schmähend gemeinten Begriff der politischen Korrektheit.

Ursprünglich eine Bewegung, die sich gegen die Herabsetzung von Minderheiten einsetzte, wird sie mittlerweile von vielen als eitle Begrenzungswut bekämpft. Tatsächlich verbindet sich mit der politischen Korrektheit stets der Versuch einer Grenzziehung: Die ungeheure Pluralität der Gegenwart, die einerseits noch pluraler werden soll, muss anderseits durch die Propagierung geteilter Werte eingehegt werden – um so über die Kontingenz lauter Mikrowahrheiten, von denen jede für sich genommen gefühlt richtig ist und absolut gesetzt wird, doch noch die Kontrolle zu bekommen. Es ist ein Widerstreit zwischen Einzigartigkeit und Egalität, der den Liberalismus prägt und der nun im eigentlich plural gesinnten Individuum zu antipluralen Reflexen führt: Weil der große Rahmen gesellschaftlicher Verbindlichkeit verloren geht, muss er durch private Rahmungen ersetzt werden.

Mit den Mitteln der politischen Korrektheit will der radikale Subjektivismus sich selbst objektivieren: Verbindliche moralische Kategorien von Schuld und Unschuld werden errichtet, ohne jedoch verbindliche moralische Werte festlegen zu wollen. Und weil es dem Regime der Gefühle nicht primär um juristische Fragen geht – ja nicht gehen kann, denn Gesetze wären eine Festlegung –, wird die Schuld bevorzugt im symbolischen Raum ermittelt und über Affekte geregelt. Das beliebteste Kampfmittel im Ringen um Sittlichkeit und Ordnung ist der Shitstorm. Die Vorform, sozusagen das Tiefdruckgebiet des Shitstorms, ist die Petition.

Entsprechend wird die politische Korrektheit von vielen als bigott und anmaßend bekämpft, traditionellerweise von rechten, in verstärktem Maße ebenso von linken Autoren. Als »unterdrückendes Regime der totalen Kontrolle« (Slavoj Žižek) oder als »Diskriminierungsolympiade« (Patsy l'Amour laLove) schmähen sie die politische Korrektheit. In den Augen der Autorin Angela Nagle handelt es sich um eine »Anti-Meinungsfreiheits-, Anti-Gedankenfreiheits-, Anti-Intellektuellen-Bewegung, die Politik gegen Neurosen ausgetauscht hat«.[25] Ebenso kritisiert der Theoretiker Diedrich Diederichsen die »fromme Intersektionalität, in der so viele kunstlinke Texte baden«, und weist darauf hin, dass es im Kampf für mehr Emanzipation nicht um »böse Menschen gehen« dürfe, sondern um »deren in ideologisch-institutionalisierte Interessengegensätze gegossene objektivierte Form«.[26]

Solche Reaktionen wirken sich in der Regel kontraproduktiv aus. Denn die politisch-korrekte Forderung nach einer anderen Wortwahl oder Verhaltensweise geht ja nicht selten auf das Gefühl zurück, das eigene Unwohlsein oder das Unwohlsein anderer werde nicht anerkannt. Daher gerät jede Kritik zu einem Beleg verwehrter Anerkennung und das Unwohlsein wird noch verstärkt. Die Studenten in Göttingen haben

25 Nagle, *Kill all Normies*, S. 118.

26 Diedrich Diederichsen: »Das Eingemachte: ›Populismus‹, ›Political Correctness‹ und dergleichen«, in: *Texte zur Kunst* 106 (2017), S. 108-123, hier S. 111.

es entsprechend formuliert: Nicht nur ihre Einwände und ihr Vorwurf würden kritisiert, vielmehr werde auch »das dem Vorwurf zu Grunde liegende Gefühl als haltlos« zurückgewiesen. Und dieses Gefühl ist ebenjene Instanz, auf die sich der Einzelne im Kulturkapitalismus noch berufen zu können meint.

Das Unwohlsein der Einzelnen mag einen überaus berechtigten Grund haben, es kann sich um Fälle politischer oder ökonomischer Benachteiligung handeln. Doch um diese Benachteiligung zu bekämpfen, favorisiert die politische Korrektheit eben keine offensiv politische oder ökonomische Gegenwehr, vielmehr setzt sie vornehmlich auf eine Veränderung in der Wortwahl und Verhaltensweise – womit der Konflikt nicht selten individualisiert und auf eine Frage des potenziellen Unwohlseins, der potenziellen Gewalt reduziert wird. Die Folge dieser Reduktion ist paradoxerweise eine verstärkte Emotionalisierung, obwohl es ja gerade die Affekte sind, die normativ reguliert werden sollten.

Das Regime der unguten Gefühle, das zugleich ein Regime der bezwungenen Gefühle sein möchte, hat für die Kunst erhebliche Folgen, wie die Fälle in Berlin und Göttingen belegen. Sie wird zum Verlierer einer Entwicklung, die sie selbst mit befördert hat.

Will man diese Entwicklung in groben Strichen beschreiben, so beginnt sie mit dem Liberalismus, der die Kunstfreiheit zu einem Reich der Autonomie werden ließ. Ihrerseits erlaubte es diese Autonomie, dem Subjekt und seinen Gefühlen großen Raum zu geben. Nun sind es jedoch diese Gefühle, vor allem die negativen, die sich verselbständigen – man könnte sagen: die frei werden –, darum eingefangen werden müssen, weshalb man unweigerlich auch die Kunstfreiheit als Gefühlsquell eindämmen und zugleich den Liberalismus begrenzen möchte.

Dieser Begrenzungsversuch richtet sich nicht unbedingt gegen das einzelne Kunstwerk als Ausdruck eines künstlerischen Individuums; eine solche Form der Repression widerspräche den Anliegen des pluralistischen Antipluralismus. Die Subjekte, in diesem Fall die Künstler, sollen sehr wohl frei sein, dieses aber in den Grenzen der unguten Gefühle. So wollen die Studenten das Gomringer-Gedicht keineswegs im Grundsatz kritisieren. Ebenso sagen ihre Göttinger Kollegen ausdrücklich, sie wollten das »Existenzrecht der Kunst« nicht infrage stellen. Doch deren Freiheit solle »nicht einfach nur ein Frei-Drehen des Geistes sein«.[27] Dieser Geist darf im privaten Rahmen drehen, wie und wohin er möchte, nur wenn er sich frei in die Öffentlichkeit dreht, sollen andere Werte den Vorrang haben. In einer Stellungnahme der Berliner Studenten ist das so formuliert: »Liebe Leute, schreibt euch dieses Gedicht sehr gerne zuhause über euer Bett und erfreut euch jeden Tag daran.«[28] Hingegen müsse eine Kunst, die größere Geltung besitzen wolle, sich an Regeln halten, die von potenzieller Verletzlichkeit bestimmt sind und einen festen Werterahmen abstecken möchten.

Wie eng dieser Rahmen sein kann, wurde deutlich, als es um die Neugestaltung jener Wand ging, auf der Gomringers Gedicht für viele Jahre seinen unumstrittenen Ort gehabt

27 Siehe den offenen Brief der Wohnrauminitiative Göttingen auf Facebook: {https://www.facebook.com/Wohnrauminitiative/posts/1707875772558739}.

28 Asta der Alice Salomon Hochschule Berlin, »Stellungnahme des Asta zur aktuellen Debatte um die Neugestaltung der Südfassade der Alice Salomon Hochschule« (13. September 2017), online verfügbar unter: {http://www.asta.asfh-berlin.de/de/News/stellungnahme-des-asta-zur-aktuellen-debatte-um-die-neugestaltung-der-suedfassade-der-alice-salomon-hochschule.html}.

hatte. Ein weiteres Gedicht sollte die Fassade schmücken, das beschloss die Hochschule, und dafür empfahl der Allgemeine Studentenausschuss, »einen besonderen Blick auf Sensibilität im Umgang mit Gender & Diversity sicherzustellen«.[29] Deshalb dürfte das nachfolgende Werk »in keiner Hinsicht diskriminierend sein. Sexistische, rassistische, ableistische, lookistische, klassistische, ageistische oder sonstige diskriminierende Bezüge werden nicht akzeptiert.«

Möglichst alle potenziellen Demütigungen und Missverständnisse sollten vermieden werden, so der Präventions- und Kontrollanspruch. Zugleich war es das Ziel, die Kunst möge die vielen aufgerufenen Sonderinteressen überwölben und etwas Einendes schaffen. Daher sollte das neue Werk nicht für alle, aber »für den Großteil der Studierenden sowie die ansässigen Hellersdorfer*innen zugänglich und verständlich« sein. »Dieses Kriterium ist z. B. bei der Auswahl der Sprache zu berücksichtigen.« Ob die Sprache dieser Mitteilung für »Studierende sowie die ansässigen Hellersdorfer*innen« zugänglich und verständlich war, wurde dabei nicht erörtert.

Unübersehbar blieb jedoch, dass die Freiheit der Kunst deutlich kleiner ausfallen sollte, als die Hochschulfassade groß ist. Die Werke der Künstler dürfen Konflikte nicht aufkommen lassen, man erwartet von ihnen, dass sie Vertrauen stiften und im Vertrauten bleiben. Sie müssen leicht zu begreifen sein, man wünscht sich Affirmation wohlbekannter

29 Siehe, auch für die folgenden Zitate, Asta der Alice Salomon Hochschule Berlin, »Antrag zur Umsetzung des vorliegenden Konzepts zur Neugestaltung der Südfassade«, online verfügbar unter: {http://www.asta.asfh-berlin.de/attachments/article/322/Antrag%20Konzept%20Südfassade.pdf}.

Werte. Unter dem Regime der unguten Gefühle soll die Kunst gute Gefühle mobilisieren.

Der klassische Naturalismus der Künste, der Versuch, den künstlerischen Blick auf die Wirklichkeit prägnant zur Anschauung zu bringen, verliert unter diesen Vorzeichen an Relevanz. Gelegentlich wird dieser Anspruch sogar offensiv unterdrückt, weil die Kunst unter dem Vorzeichen des Gutfühlens nicht mehr die Realität einfangen soll. Sie ist aufgerufen, diese zu verbessern. Sie soll – ähnlich wie in Zeiten des sozialistischen Realismus – das Falsche vom Richtigen klar unterscheiden und eine belehrende Funktion übernehmen.

Aus solchen Motiven heraus wurde 2017 beim Berliner Theatertreffen eine Inszenierung des Wenderomans *89/90* von Peter Richter abgeändert: Die Figur eines Neonazis, der mit rassistischen Äußerungen auftritt, sollte am zweiten Abend der Aufführung nicht länger das Wort »Neger« verwenden, so dass der Schauspieler an den entsprechenden Stellen stattdessen »N-Beep« sagte. Obwohl im Stück die Äußerung hinterfragt wird, verlangten Thomas Oberender, der Intendant der Berliner Festspiele, und zwei seiner Mitarbeiter die Streichung des Begriffs. Gefragt, warum ein Rassist auf der Bühne keine rassistischen Wörter verwenden dürfe, antwortete Oberender, dass »auch beste Absichten und Kontextualisierungen dieser Art nicht vermeiden oder verhindern können, dass Leute, die traumatische Erfahrungen mit der Verwendung dieser Begriffe haben, dadurch verletzt und gekränkt werden«.[30]

30 Zitiert nach Barbara Behrendt, »Das ›N-Wort‹ polarisiert das Theater«, in: *Deutschlandfunk Kultur* (3. Juni 2017), online verfügbar unter: {http://www.deutschlandfunkkultur.de/kunstfreiheit-oder-rassismus-das-n-wort-polarisiert-das.2159.de.html?dram:article_id=387809}.

Anders als die verschiedenen Minderheiten, denen es gestattet wird, ihre Vorbehalte und Verletzlichkeiten als Ausschlusskriterium geltend zu machen, ist die Kunst aufgerufen, alles und jeden einzuschließen. Der Künstler soll sich unterordnen, er soll zum Protagonisten der Inklusion werden. Damit wird ihm eine Rolle zugewiesen, die ziemlich genau das Gegenteil dessen darstellt, was er herkömmlicherweise verkörperte: Er soll die versöhnliche Mitte sein, nicht der extreme Rand.

Erklären lässt sich diese Verkehrung wiederum durch Entwicklungen in der Digitalmoderne. In dieser heißt Inklusion eben auch, dass sich nun potenziell jeder als Ausnahmegestalt begreifen darf und soll, daher steht der Künstler als Ausnahmefigur infrage. Weil der Status der Kunst nicht mehr exklusiv zu sein scheint und ihre Praktiken und Weltsichten gesellschaftlich integriert wurden, rückt der Künstler ins einende Zentrum. Die Ausnahme- wird zur Einnahmegestalt.

Entstanden war die Idee einer geschützten Kunstfreiheit ursprünglich aus einem schizophrenen Impuls heraus: Im Interesse aller sollte es Einzelnen gestattet sein, einen Sonderstatus zu reklamieren. »Als Element nationaler Bildung« wurde 1848 in Preußen die freie Kunst auf die politische Agenda gesetzt. Damals formulierte der Kunsthistoriker Franz Kugel die (später nicht umgesetzte) Vorstellung einer Garantie: »Die Ausübung der Kunst ist frei, mit Ausnahme derjenigen gesetzlich bestimmten Fälle, in welchen aus Rücksicht auf das Gemeinwohl Beschränkungen eintreten.«[31] In der Digi-

31 Thomas Würtenberger: »Zur Geschichte der Kunstfreiheit«, in: Max-Emanuel Geis, Markus Winkler und Christian Bickenbach (Hg.), *Von der Kultur der Verfassung, Festschrift für Friedhelm Hufen zum 70. Geburtstag*, München 2015, S. 137-150, hier S. 143.

talmoderne hat sich dieses bürgerliche Ideal gewandelt, jetzt müsste es heißen, »aus Rücksicht auf das Wohl Einzelner« werde die allgemeine Freiheit der Kunst beschränkt.

Es ist eine Beschränkung, die keineswegs nur in studentischen Milieus anzutreffen ist. Wenn es so wäre, könnten sich alle, die von den Kulturkämpfen beunruhigt sind, entwarnt zurücklehnen, sie könnten das Regime der unguten Gefühle als jugendbewegten Protest abtun, der sich früher oder später abschleifen werde. Doch es ist mehr als das.

Das veränderte Kunstverständnis spiegelt sich in einem großgesellschaftlichen Wandel, nur findet dieser an den Universitäten einen geschärften Ausdruck. Vor allem die »neue Mittelklasse« (Andreas Reckwitz), ein kosmopolitisch geprägtes Milieu, neigt ebenfalls dazu, in der Kunst weniger ein kritisches Gegenüber als ein Stärkungsmittel im Kampf um die richtigen Werte zu erblicken. Hier hat sich das Regime der unguten Gefühle fest etabliert und verlangt ethisches Bewusstsein.

Worauf es in dieser Klasse ankommt, sind Selbstentfaltung, Kreativität und die Pluralisierung der Lebensentwürfe. Es handelt sich um eine kulturell bestimmte Wertegemeinschaft, entsprechend groß ist das Interesse an immateriellen Gütern. Diese Gemeinschaft preist die Diversität und ist in ihren Vorlieben durchaus vorhersehbar. »Diese Homogenität«, schreibt die Soziologin Cornelia Koppetsch, »erweist sich gerade im Gebot der ›Vielfalt‹ und basiert darauf, dass die spätmoderne Kultur der Selbstverwirklichung zum Teil eines Klassenethos geworden ist.«[32]

Der Kunsttheoretiker Wolfgang Ullrich spricht sogar von

32 Cornelia Koppetsch, »In Deutschland daheim, in der Welt zu Hause?«, in: *Soziopolis* (22. Dezember 2017), online verfügbar unter: {https://

einem »Werteadel«, der sich vom Rest der Gesellschaft abgrenze, vornehmlich vom »Werteproletariat«.[33] Ein »moralisch-ideelles Wohlstandsgefälle« durchziehe die Gegenwart, und Ullrich erkennt darin den »Übergang von einer sollens- und tugendethisch formierten Gesellschaft hin zu einer wertethischen Ordnung«. In dieser Ordnung reicht es nicht länger, sich gut und richtig zu verhalten, der Einzelne soll und muss sich zum Guten und Richtigen deutlich bekennen. Kaum etwas scheint sich für solche Bekenntnisse besser zu eignen als die Kultur.

Gerade auf den großen Ausstellungen der Gegenwartskunst, insbesondere auf den Biennalen, lässt sich denn auch eine Verschiebung beobachten, weg von der Ästhetik, hin zur Ethik. Oft wird die Kunst mit einem moralisch-politischen Mehrwert aufgeladen und damit zum integralen Teil einer »Selbstvergewisserungsindustrie« (Cornelia Koppetsch). Hier versichert sich das Publikum seiner normativen Ideale und so gut wie alles, was diesen Idealen widerspricht – was ungute Gefühle weckt –, wird mit Vehemenz ausgegrenzt. So sah sich das Guggenheim Museum in New York heftigen Protesten ausgesetzt, als es 2017 ein Video der Künstler Sun Yuan und Peng Yu zeigte: vier Paar Hunde, die aufeinander zulaufen, doch auf automatischen Laufbändern angekettet sind. Obwohl das Guggenheim darauf hinwies, dass es bei der Performance, aus der das Video hervorging, nicht zu Kämpfen zwischen den Tieren gekommen sei, wurde eine Online-Petition von über 800 000 Leuten unterschrieben, die sich für »Cruelty-Free Exhibits«, also Kunstwerke ohne Grausam-

soziopolis.de/beobachten/gesellschaft/artikel/in-deutschland-daheim-in-der-welt-zu-hause/}.

33 Wolfgang Ullrich, *Wahre Meisterwerke*, Berlin 2017, S. 87.

keit aussprach. Es war eine Petition für gute Gefühle, und das Guggenheim Museum entsprach diesem Wunsch: Es übte Selbstzensur und setzte *Dogs That Cannot Touch Each Other* kurzerhand ab.

Die neue Mittelklasse, für Vegetarismus und Veganismus besonders empfänglich, ist ebenso gegen Tierversuche und jedwede andere Einschränkung von Tierrechten. Den Kunstrechten steht sie jedoch im Zweifelsfall skeptisch gegenüber, es soll auch in diesen Fällen das reine Gewissen obsiegen. Wichtiger als der Schutz des künstlerischen Werks ist der Schutz des Publikums vor den Zumutungen des Künstlers. In den Vordergrund rückt – ähnlich wie in den studentischen Milieus – das Verlangen, alles Unkontrollierbare abzuspalten.

Diese Ich-Bezogenheit, die aus einer Ich-Unsicherheit resultiert, lässt sich aus guten Gründen kritisieren. Hier wird eine vormoderne Tradition reaktiviert, die in der Kunst vor allem das Dekorative schätzte, das Angemessene und sich Einpassende. Dagegen hatte ein freiheitlicher Kunstbegriff auf Werte wie Uneingebundenheit und Universalität gesetzt. Dieses Freiheitspathos erlischt notwendigerweise, sobald die Kunst ihre gesellschaftliche Integration erfährt. Hier wird aus dem Wollen ein Sollen. »Selbstverwirklichung als gegenkulturelle Verheißung eines Ausbruchs aus den Zwängen, wird selbst zwanghaft«, formuliert Reckwitz.[34] So berechtigt die Kritik an den Freiheitsbeschränkungen also sein mag, entgeht ihr doch allzu leicht diese perfide Dialektik: dass die behauptete Zwecklosigkeit und Offenheit der Kunst, sobald sie zum gesellschaftlichen Ideal avanciert, selbst als Unfreiheit erfahren werden kann, als Zwang zur Zwanglosigkeit.

34 Reckwitz, *Die Gesellschaft der Singularitäten*, S. 434.

Viele Menschen der Gegenwart sehen sich mit diesem Zwang, einem doppelten Imperativ konfrontiert: Von ihnen wird einerseits erwartet, möglichst selbstentfaltet, selbstverwirklicht zu sein, ein klar umrissenes, ausentwickeltes Individuum. Doch wird diese Verpflichtung auf das Ich anderseits von einer Verpflichtung aufs Wir konterkariert. Das Selbst soll sich treu sein und muss zugleich den vielen gefallen. Denn erst in den Augen dieser vielen zeigt und beweist sich die verlangte Authentizität des Einzelnen. Individualisierung ist keine Privatsache, sie will dargestellt, will durch das Echo der anderen bestätigt werden.

Die Digitalmoderne verstärkt diesen doppelten Imperativ, hier kommt der normative Druck jener Techniken hinzu, die den Einzelnen einerseits freisetzen, indem sie eine unendliche Fülle an Optionen und Identitätsspielen eröffnen, die ihn aber in dieser Superoptionalität auch binden, indem sie ihn permanent zu selbstbestimmten Entscheidungen zwingt. Während einerseits traditionelle Sozialbindungen verloren gehen, ist man andererseits gehalten, sich immerzu zu vergleichen, zu vermessen und zu optimieren. Zwischen Selbst- und Fremdzwang zu unterscheiden wird beinahe unmöglich.

Es ist eine Erfahrung der Freiheit als Unfreiheit – die sich vor allem deshalb in den Kulturkämpfen fortsetzt, weil hier umgekehrt die Unfreiheit als befreiend erlebt werden kann: als Befreiung von unguten Gefühlen und jenen Ambivalenzen, die man im Alltag ohnehin permanent ertragen muss. Gegen die Kunst und ihre Freiheit zu sein wird zur Entlastung. Die ästhetische Autonomie wird eingeschränkt, um die Beschränktheit individueller Autonomie zu kompensieren.

Rebellion
Der Fall *Charlie Hebdo* oder: Wie frei ist die Freiheit?

Der neue Kulturkampf entbehrt nicht einer diabolischen Absurdität. Die einen streiten wider die »Sittenpolizei der politischen Korrektheit« und ihren »Genderwahn«, die anderen sind empört, weil sie überall die »Macht alter weißer Männer« am Werk sehen. Und während sich beide Parteien gleichermaßen als Retter der richtigen Freiheit wähnen, zieht schleichend durch die Hintertür die Unfreiheit ein.

In den amerikanischen Culture Wars der neunziger Jahre war die Lage weit übersichtlicher, und damit in gewisser Weise weniger beunruhigend, als es die Auseinandersetzungen der Gegenwart sind, obwohl damals die Angriffe sehr wohl existenzbedrohend sein konnten. Da plante Rudy Giuliani, damals Bürgermeister von New York City, dem Brooklyn Museum die städtischen Zuschüsse zu streichen, weil es das Gemälde *The Holy Virgin Mary* des Künstlers Chris Ofili ausgestellt hatte, gemalt unter anderem mit Elefantenmist. Ebenso gerieten Fernsehserien wie *Die Dornenvögel*, Musikvideos von Madonna oder Martin Scorseses *Die letzte Versuchung Christi* in den Fokus einer fundamentalistischen Religiosität. Eine Fotoarbeit von Andres Serrano mit dem sprechenden Titel *Piss Christ* wurde in der National Gallery of Victoria in Australien von zwei katholischen Aktivisten mit einem Hammer attackiert, Mitarbeiter des Museums erhielten Todesdrohungen. Weitere Auseinandersetzungen folgten, unter anderem um das als »unzüchtig« wahrgenommene Werk des Fotografen Robert Mapplethorpe. In den USA brachte daraufhin der Politiker Jesse Helms den Vorschlag eines Verfassungszusatzes in den Senat ein. Er wollte verhindern, dass Fördermittel für Kunst ausgegeben werden, »die als Verunglimpfung, Herabsetzung oder Diskriminierung einer Person oder Personengruppe oder gesellschaftlichen Gruppierung aufgrund von Hautfarbe, Glauben, Geschlecht, körperlicher Verfassung, Alter oder nationaler Herkunft verstanden werden könnte«.[1] Helms zählte nicht zu den Verfechtern einer Political Correctness, im Gegenteil, er war eine Leitfigur der Konservativen.

Solche Versuche einer zensurierenden Lenkung durch den Staat gibt es in Einzelfällen weiterhin, so wurde im Frühjahr 2018 die Serie *Politische Gefangene* des Künstlers Santiago Sierra überraschend von der Kunstmesse Arco in Madrid entfernt. Die Bilder zeigten vierundzwanzig verpixelte Porträts katalanischer Politiker und separatistischer Aktivisten, die wegen ihrer Beteiligung am Unabhängigkeitsreferendum in Katalonien in Untersuchungshaft genommen wurden. Wer die Entfernung der Kunstwerke veranlasst hatte, blieb unklar; die spanische Regierung erklärte, es gebe in ihrem Land keine »politischen Gefangenen«. Möglicherweise war es die Messeleitung, die in vorauseilendem Gehorsam darauf drängte, die Sierra-Bilder nicht zu zeigen.

Tatsächlich entspräche ein solches Verhalten jener Einschränkungspraxis, die in liberalen Demokratien mittlerweile am weitesten verbreitet ist. Es gibt gelegentlich, insbesondere in osteuropäischen Staaten, das Bemühen um eine stark

1 Jesse Helms, »Amendment 420: The NEA Should Not Fund Obscenity«, Rede vor dem US-Senat vom 26. Juli 1989, online verfügbar unter: {http://www.stephenhicks.org/wp-content/uploads/2014/04/Helms-Amendment-420.pdf}.

reglementierende Begrenzung der Meinungs- und Kunstfreiheit; in der Regel sind die Mechanismen aber subtiler. Es bedarf keiner Direktiven, die Unterbindung und Auslassung einfordern. Nicht obrigkeitsstaatlicher Druck klar benennbarer Institutionen, sondern ein ungreifbarer Druck gesellschaftlicher Kräfte begünstigt eine Praxis der Einengung. So berichtet der Publizist Kenan Malik, dass gerade Diversitätspolitiken eine institutionelle Selbstzensur begünstigt hätten. Diese Politiken würden nicht die Pluralität der Meinungsfreiheit ermutigen, stattdessen setze man sie oft dafür ein, möglicherweise verletzende Meinungen zu unterdrücken, weil man »im Namen der Diversität dieses oder jenes nicht sagen kann«.[2]

Doch Konfliktscheu allein erklärt diese Entwicklung nicht. Sie wird forciert durch eine Denkbewegung, die in der Kunstfreiheit, die den Tabubruch der Künstler erst ermöglicht, selbst ein Tabu erblickt, das gebrochen werden müsse. Mit einiger Deutlichkeit formulierte es die Kunsthistorikerin Julia Pelta Feldman: »Zensur ist für Liberale ein Tabu.«[3] Hingegen könne eine Begrenzung der Kunstfreiheit eine progressive, emanzipatorische Kraft freisetzen, wenn es sich um eine »Zensur von unten handelt«.

Feldman beruft sich in dieser Argumentation auf den Underground-Musiker Ian F. Svenonius und seinen Essay »Censorship Now!!«, in dem er sich gegen den Sonderstatus der

2 Zitiert nach Julia Farringtons Bericht von der Konferenz »Taking the Offensive: Defending Artistic Freedom of Expression in the UK« (Mai 2013). Der Bericht ist online verfügbar unter: {https://www.indexoncensorship.org/takingtheoffensive/}.

3 Julia Pelta Feldman, »Censorship Now!!«, in: *Merkur* (19. Juli 2017), online verfügbar unter: {https://www.merkur-zeitschrift.de/2017/07/19/censorship-now/}.

Kunst wendet, weil diese dadurch »gegen alle Schuldfähigkeit immunisiert« werde. Deshalb trete er ein für eine »Volkszensur, eine Graswurzelzensur, eine Zensur als Aufstand«. Feldman stimmt ihm zu, da es sich bei der Kunstfreiheit ohnehin um einen »Mythos« handele, hinter dem kaum mehr verborgen sei als bürgerliche Heuchelei: »Solange Frauen und andere marginalisierte Gruppen keinen gleichberechtigten Zugang zur Kunstwelt haben, bleibt das abstrakte Ideal der Kunstfreiheit ein liberales Trugbild.«[4]

Diese Verachtung des Liberalismus kennt viele Spielarten, denen bei aller Unterschiedlichkeit eines gemein ist: die Enttäuschung darüber, dass universale Gleichheit und Gerechtigkeit ausgeblieben sind. Ebenfalls ist allen gemein, dass sie nach Rebellion verlangen: Sie wollen einen in ihren Augen falschen, weil exklusiven Freiheitsbegriff überwinden, weil er strukturelles Unrecht decke und beschönige. Diese Rebellion lässt sich als Antwort auf die Integration der Kunst verstehen, als der Versuch, das vermeintliche »Trugbild« aufzuheben und zu einer anderen, gerechten Wahrheit vorzudringen. Um das zu ermöglichen, nehmen sich manche Kritiker des Liberalismus das Recht heraus, mit dem Recht zu brechen und das Egalitätsprinzip aufzuheben, etwa durch eine »Umverteilung von Redefreiheit«, wie sie von Feldman und anderen als Option diskutiert wird.

Diese Form von Aufbegehren gegen das Prinzip gleicher Rechte bedeutet für die Kunstfreiheit, dass sie zu einem Recht minderer Güte abzusinken droht, das zugunsten anderer,

4 Julia Pelta Feldman, »Mythos Kunstfreiheit«, in: *Zeit Online* (2. Januar 2018), online verfügbar unter: {http://www.zeit.de/kultur/kunst/2017-12/zensur-debatte-kunstfreiheit-sexismus-metropolitan-balthus}.

höherer Werte strikter als bisher begrenzt werden muss. Besonders drastisch zeigt sich diese Tendenz, ein Liebäugeln mit dem Instrument der Zensur, ausgerechnet im Fall der Satirezeitschrift *Charlie Hebdo*, von der es oft heißt, sie verkörpere das Prinzip maximaler Liberalität.

Im Januar 2015 waren die Redaktionsräume der Zeitschrift in Paris von zwei maskierten Männern überfallen worden, die dort 11 Menschen töteten. Daraufhin setzte zunächst eine Solidarisierungswelle ein, die kein Halten zu kennen schien: Das Bekenntnis »Je suis Charlie« wurde zum trotzigen Kampfruf, nichts und niemand könne dem Westen seine Courage, Freiheit und Toleranz rauben. Noch durchdringender waren die Schweigemärsche und Versammlungen in Paris; allein der sogenannte Republikanische Marsch am Sonntag nach dem Überfall zog 1,5 Millionen Menschen an, 44 Staats- und Regierungschefs nahmen teil. So mobilisierte der blutige Angriff auf das Magazin, das mehrfach den Propheten Mohammed mit Karikaturen verspottet hatte, größere Anteilnahme als jede andere Terrorattacke auf die Freiheit der Kunst und Satire. Eine Grundfeste westlicher Gesellschaften war getroffen, man stand unverbrüchlich zusammen.

Allerdings ging dieses Zusammenstehen nicht so weit, dass andere Redaktionen für *Charlie Hebdo* eingesprungen wären, das Erbe der Ermordeten hochgehalten und Mohammed-Karikaturen als Zeichen der Freiheitlichkeit nachgedruckt hätten. Einige wie der *Jyllands-Posten* räumten ein, sie fürchteten nach einem Abdruck ihrerseits von Attacken bedroht zu sein. Andere wie die *New York Times* verwiesen darauf, dass sie grundsätzlich kein Material veröffentlichten, das »religiöse Gefühle verletzen« könnte.[5] In diesem Sinne argu-

5 Rick Gladstone und Ravi Somaiya, »New *Charlie Hebdo* Cover

mentierte auch der Berliner *Tagesspiegel* und wurde dabei noch grundsätzlicher: »Kurt Tucholsky war sicher nicht in Höchstform, als er der Satire bescheinigte, sie dürfe alles«, vielmehr gebe es durchaus Grenzen. »Satire, die sich über Minderheiten, Unterdrückte, Entrechtete lustig macht, ist kein Spaß, sondern bestenfalls pubertär und schlimmstenfalls ein Herrschaftsinstrument.«[6]

Diese Begründung, die Meinungsfreiheit einschränken zu dürfen, wenn sie nur hegemonialen Strukturen dienlich sei und damit im Grunde ein »liberales Trugbild«, ist also weder den Kulturkampf- noch den Kulturterror-Debatten fremd. In der Kontroverse um *Charlie Hebdo* standen abermals die Minderheitenrechte im Vordergrund, wie ebenso die Äußerung von Elsa Ray belegt, der Sprecherin des Collectif contre l'islamophobie en France: »Die Meinungsfreiheit mag von der französischen Verfassung garantiert werden, aber es gibt Grenzen, wenn es zu weit geht und daraus Hass und Stigmatisierung wird.«[7] Zudem messe man offenbar mit zweierlei Maß, so werde gegen Karikaturen, die Juden beleidigten, sehr viel energischer durchgegriffen, etwa im Fall Dieudonné

Creates New Questions for U.S. News Media«, in: *The New York Times* (13. Januar 2015), online verfügbar unter: {https://www.nytimes.com/2015/01/14/world/europe/new-charlie-hebdo-cover-creates-new-questions-for-us-news-media.html}.

6 Bernd Matthies, »Was ›Charlie Hebdo‹ falsch gemacht haben könnte«, in: *Der Tagesspiegel* (2. Januar 2016), online verfügbar unter: {https://www.tagesspiegel.de/politik/terror-und-satire-was-charlie-hebdo-falsch-gemacht-haben-koennte/11242494.html}.

7 Zitiert nach Dan Bilefsky, »*Charlie Hebdo*'s Defiant Muhammad Cover Fuels Debate on Free Speech«, in: *The New York Times* (13. Januar 2015), online verfügbar unter: {https://www.nytimes.com/2015/01/14/world/europe/new-charlie-hebdo-has-muhammad-cartoon.html}.

M'bala M'bala. Der Komiker hatte sich mehrfach bei seinen Auftritten antisemitisch geäußert, auch spottete er über die Toten des Anschlags auf *Charlie Hebdo*. In Anspielung auf einen der Attentäter, Amedy Coulibaly, schrieb er auf Facebook: »Heute Abend fühle ich mich wie Charlie Coulibaly.«[8] Dafür wurde er zu zwei Monaten Haft auf Bewährung und einer Geldstrafe von zehntausend Euro verurteilt.

Der Liberalismus, das verdeutlicht die Debatte einmal mehr, hat selbst seine illiberalen, im Zweifel willkürlich wirkenden Grenzen, er wägt unterschiedliche Rechte gegeneinander ab. Er nennt die Kunstfreiheit kein »Trugbild«, aber gestochen scharf sind die Grenzen dessen, was geduldet wird, was als schicklich gilt, keineswegs. Er mag satirische Äußerungen dulden, und doch gibt es sehr wohl künstlerische Äußerungen, die als unzulässig gelten. Wie islamische Kulturen erblickt ebenso der vermeintlich aufgeklärte Westen in Bildern mitunter etwas, das geschützt werden sollte.

So verpixelten viele Zeitungen jene Szene des Pariser Attentats, in der ein Polizist erschossen wird. Sie wollten nicht einfach jene Bilder verbreiten, auf die es die Terroristen abgesehen hatten. Sie wollten zugleich ihre Leser vor der Erfahrung schützen, durch ihre Blicke den Toten ein zweites Mal zum Opfer zu machen, einem Opfer der kollektiven Schaulust. Sie schützten zudem die Würde des Beamten, obwohl sie eigentlich nur einen bildhaften Datenhaufen druckten und ein bildhafter Datenhaufen keine Würde besitzt. Weil

8 Zitiert nach N. N., »›Je suis Charlie Coulibaly‹: Dieudonné provoque, une enquête ouverte«, in: *Le Parisien* (12. Januar 2015), online verfügbar unter: {http://www.leparisien.fr/charlie-hebdo/je-suis-charlie-coulibaly-dieudonne-provoque-une-enquete-ouverte-12-01-2015-4439915.php}.

es aber so wirkt, als wäre im Bild der Mensch gegenwärtig, wird es auf schamvolle Weise unscharf gemacht.

Mit einigem Stolz weisen libertäre Gesellschaften darauf hin, dass die Aufklärung ohne Karikaturisten und ihre Unerschrockenheit nicht zu denken ist. Ihr bleistiftspitzer Kampf gegen alle Autoritäten, ihr Beharren darauf, die Macht der Bilder für die Sache der Freiheit einzuspannen, bereitete der Demokratie den Weg. Doch ohne Bildtabus kommt keine Gesellschaft aus. Manchmal sind es religiöse Vorbehalte, so wie die des Schriftstellers Martin Mosebach, der meint, Gotteslästerung sollte strafbar sein und er könne es gut verstehen, »wenn in ihrem Glauben beleidigte Muslime blasphemischen Künstlern – wenn wir sie einmal so nennen wollen – einen gewaltigen Schrecken einjagen«.[9] Stärker vertreten sind allerdings ethische und nationale Tabus. Wer die Farben, die Flagge oder das Wappen der Bundesrepublik Deutschland verunglimpft, muss laut Strafgesetzbuch mit bis zu drei Jahren Gefängnis rechnen. Ähnliches gilt für Karikaturen, in denen der Holocaust geleugnet wird. Und jenseits der Strafbarkeit werden etwa Kunstwerke aus der NS-Zeit in deutschen Museen in der Regel nicht gezeigt, weil man sie geschmacklos oder gefährlich in einem verführerischen Sinne findet.

In der Digitalmoderne sind solche länderabhängigen Eigenheiten, sind lokal respektierte Tabus kaum aufrechtzuerhalten. Je näher die Kulturen aneinanderrücken – im Netz auf Armeslänge –, desto schwieriger wird es, die gewachsenen Umgangsformen mit Kunst und Satire verallgemeinern zu

9 Martin Mosebach, »Vom Wert des Verbietens«, in: *Frankfurter Rundschau* (18. Juni 2012), online verfügbar unter: {http://www.fr.de/kultur/kunst/kunst-und-religion-vom-wert-des-verbietens-a-834087}.

wollen. Für das Recht mag es klare Nationalstaatsgrenzen geben, für Mentalitäten und Tabus gibt es sie nicht; und so darf sich die Kunstfreiheit gerichtlich geschützt fühlen, diesen Schutz jedoch durchzuhalten erweist sich in einer kulturell diversen Gesellschaft nicht nur wegen drohender Terrorakte als schwierig.

Gerade das kosmopolitische Denken setzt auf Toleranz, es weiß um die Relativität der eigenen Fundamente, es ist im Zweifel sogar bereit, die Menschenrechte nicht als universell zu begreifen, weil es sich um eine Konstruktion vorwiegend westlicher Idealvorstellungen handele. Das aber heißt eben, dass die Kunstfreiheit nicht allein »von außen« bedroht ist, sie kann auch »von innen« eingeschränkt oder zumindest relativiert werden. So interpretierte der Medienwissenschaftler Mathias Kepplinger die erste Ausgabe von *Charlie Hebdo* nach dem Anschlag, die abermals eine Zeichnung des Propheten Mohammed zeigte, als einen Akt struktureller Gewalt: »Im Grunde ist das Kulturimperialismus. Es ist kein Angebot an Muslime, unsere Sichtweise zu übernehmen, sondern der Versuch, ihnen unsere Kultur aufzuzwingen – das zu akzeptieren, was wir lustig finden.«[10] Die Freiheit als Zwang, als eine Form der Unterwerfung, so muss man diesen Einwand verstehen, sollte eine Begrenzung dieser Freiheit rechtfertigen. »Es gibt Schutzräume, die man pflegen sollte, auch wenn man selbst nicht darin wohnen möchte.«

Das Plädoyer für Differenz wird so zum Vorwand, die individuellen Freiheitsrechte zu nivellieren oder sogar zu negieren. Zwar ist Differenz ohne Individualisierung nicht zu

10 Mathias Kepplinger im Interview mit heute.de (24. Januar 2015), online verfügbar unter: {http://archive.is/Y4zvP#selection-991.395-991.487}.

haben, aber die Gleichheit, in deren Namen sie kupiert werden soll, wird als eine Gleichheit der Unterschiedlichkeiten, als Vielfalt in Einheit imaginiert. Worin allerdings diese Einheit bestehen sollte, wenn Freiheitsrechte zugunsten der Unterschiedlichkeiten relativiert und also eine universelle Vorstellung geteilter Ideale aufgegeben wird, bleibt meistens offen. Es könnte wohl nur eine von allen erfahrene Verengung ihrer Freiheiten sein. Dies wäre dann ebenfalls eine Freiheit als Zwang.

Gegen solche Zwänge macht sich – in einer scharfen dialektischen Volte – ausgerechnet jener Nationalkonservatismus stark, der in den neunziger Jahren noch allen künstlerischen Provokationen die öffentliche Unterstützung entziehen wollte. Er ist es, der nun eine kaum vorhersehbare Rebellion anführt, anders fundamentalistisch als die islamistischen Rebellen, getragen aber ebenfalls vom Willen zur Selbstermächtigung.

Unter dem amerikanischen Präsidenten Barack Obama waren Pop und Kino zum integralen Bestandteil medialer Politikpräsenz aufgestiegen, die Künstler sahen den Präsidenten als einen der ihren, und er inszenierte sich – gerne mit Gesangseinlagen – als einer von ihnen. Nicht zuletzt gegen diese Integration der Kunst, ihre staatstreue Einhegung durch verhasste Eliten, wendet sich die konservative Rebellion. Und so wie die Anti-Establishment-Bewegungen der sechziger und siebziger Jahre tritt sie dabei mit klassisch-gegenkulturellen Gesten auf.

Für Obama hatte der Street-Art-Künstler Shepard Fairey eines der wichtigsten Wahlkampfplakate entworfen. Für Donald Trump und die Alt-Right-Kämpfer übernahm der Graffitikünstler Sabo eine ähnliche Rolle: »Linkssein ist eine psychische Störung«, ließ Sabo verlauten und verbreitet T-Shirts und Plakate, bemalt öffentliche Bänke und Hauswände, um als »Rebell der richtigen Seite« gegen Migranten, Homosexuelle oder Politiker der Demokratischen Partei zu agitieren.[11] Dabei seien »liberale Künstler« und ihr stark instrumentalisierendes Kunstverständnis sein Vorbild: »Ich will ihre Taktik benutzen, ihre Methoden, mich an ihr Publikum richten.«[12]

Mit größter Selbstverständlichkeit okkupieren auch andere rechte Kräfte vormals progressiv verstandene Subversionstechniken und künstlerische Ansprüche. »Jedes Banner muß ein Gemälde, jede Parole ein Gedicht, jede Aktion ein Bühnenstück sein!«, heißt es in einer Äußerung der rechtsextremen Gruppe der Identitären, die den »ästhetischen Gestaltungswillen« des Aktivismus beschwört.[13] Ebenso werden Begriffe wie »Alternative« umstandslos umgedeutet. Die Alternative für Deutschland als rechtspopulistische Partei und die Alt-Right, die Alternative Rechte in den USA, machen es vor; sogar die Rede von den »alternativen Fakten« wurde eine Zeit lang populär, so als habe eine poststrukturalistische Renaissance eingesetzt. Gemeint war allerdings, dass Wahrheiten nicht absolut zu sehen seien, sondern primär durch Emotionen beglaubigt werden. Hatten die alten Konservativen noch für ihre unbezweifelbaren Richtigkeiten gekämpft, so prägen nun, ob bewusst oder nicht, einige relativistische Wahrheitsbilder der Linken ihr Denken oder werden zumindest strategisch für ihre Zwecke eingesetzt.

Das zeigt sich insbesondere im Internet, das einst als libe-

11 Rory Carroll, »›I Think Leftism is a Disorder‹: Is this Artist the Rightwing Banksy?«, in: *The Guardian* (21. Juni 2017), online verfügbar unter: {https://www.theguardian.com/artanddesign/2017/jun/21/rightwing-street-artist-sabo-donald-trump-la}.

12 Sabo, »We Are Mean, We Are Smart, We Are Unsavoryagents«, online verfügbar unter: {http://unsavoryagents.com}.

13 Mario Alexander Müller, *Kontrakultur*, Schnellroda 2017, S. 17.

ralisierende Utopie galt und viele Freiräume bot, etwa für eine Guerilla-Methode namens Culture Jamming, die mit semantischen Verwirrspielen versuchte, die Vorherrschaft der Markenkultur oder hegemoniale Kunstideale zu konterkarieren. Unterdessen wenden rechte Verschwörungstheoretiker und ebenso gewiefte Ideologen wie Steve Bannon ähnliche Methoden der beiläufigen Bildmanipulation an, um die Vorherrschaft großer Medienhäuser zu unterlaufen oder bewusst Desinformation zu streuen. Beispielsweise wurde ein Fake-Video produziert, in dem Emma González, eine der Protagonistinnen im Kampf gegen laxe US-Waffengesetze, angeblich die amerikanische Verfassung zerreißt.

In Europa ist es vornehmlich die Identitäre Bewegung, die ursprünglich antiautoritäre Foren und Aktionsformen für ihre Zwecke zu nutzen weiß, so als sie 2017 das Brandenburger Tor erklomm. Die rechtsextremen Aktivisten orientierten sich dabei nach eigener Auskunft an Greenpeace-Aktionen, mit dem Unterschied, dass ihre rasch entrollten Banner nicht zur Rettung der Wale oder des Klimas aufriefen, dafür aber »Sichere Grenzen« bewarben. Per Twitter, Facebook und Instagram wurde die kurzzeitige Besetzung des Nationaldenkmals bildmächtig verbreitet.

Ebenfalls 2017 stellten Mitglieder der Gruppe vor dem Brandenburger Tor einige Betonklötze auf, die als Gedenksteine gemeint waren: Sie trugen Aufschriften wie »Den Opfern islamistischen Terrors« oder »Kein Opfer ist vergessen«, womit die Flüchtlingspolitik kritisiert werden sollte. Ähnliche Kritik äußerte das Künstlerbündnis Zentrum für Politische Schönheit, als es vor dem Reichstag dazu aufrief, Gräber für verstorbene Flüchtlinge auszuheben – nur dass hier für eine Öffnung der Grenzen, bei den Identitären für eine Schließung plädiert wurde. Das Feindbild war in beiden Fällen die

Bundesregierung, die Strategien der Aufmerksamkeitserregung ähnelten sich verblüffend.

Galt es lange als geradezu selbstverständlich, dass ein progressiv gesinnter Künstler radikal zu sein habe und schonungslos jede Art von Konformität überwinden solle, so agieren nunmehr viele Rechtspopulisten der Gegenwart im Modus der Überschreitung. Vor allem Donald Trump, wiewohl selbst ein fester Teil jener Machtelite, die er zu bekämpfen vorgibt, tritt auf wie ein Avantgardist, der den Status quo überwinden möchte, wie ein subkultureller Kämpfer gegen den Mainstream, der das Publikum durch Schock und Skandal wachrütteln will. Trump zeigt sich ungezähmt und ungezügelt, er ist ein radikaler Narziss und verkörpert so überzeugend das Klischee des modernen kompromisslosen Künstlers, der niemanden gelten lässt außer sich selbst.

Die anderen, die professionellen Künstler werden von ihm, dem Oberrebell, eher vorgeführt als gefährdet. Schon während des Wahlkampfs 2016 gab es mannigfache Versuche, Trump mit ästhetischen Mitteln bloßzustellen: So ließ die Anarchistengruppe INDECLINE in einigen amerikanischen Städten eine Figur des nackten Präsidentschaftsanwärters mit dem Titel *The Emperor Has No Balls* aufstellen. Zugleich verbreitete Illma Gore eine Zeichnung des ebenfalls entkleideten Trump und wollte ihn so der Lächerlichkeit preisgeben. Doch erwiesen sich diese Interventionen schon deshalb als hilflos, weil Trump die Selbstentblößung längst zum obersten Stilprinzip erhoben hatte. Gerade das Obszöne, das Nicht-Regulierte, eine kaum noch steigerbare Geschmacklosigkeit erwiesen sich für seine politische Karriere nicht als Hindernis, vielmehr profitierte er davon, so wie vor ihm Künstler wie Paul McCarthy oder Marina Abramović von extremer Schamlosigkeit profitiert hatten.

Götz Kubitschek, der in Deutschland oft als Vordenker der Neuen Rechten apostrophierte Verleger aus Schnellroda, veröffentlichte 2007 einen Band unter dem Titel *Provokation*, in dem er sich dezidiert auf die linken Avantgarden der Nachkriegszeit bezieht. »Kluge, arrogante, witzige, schockierende, plötzliche, stete, situative Provokation« sei weiterhin, schreibt Kubitschek, ein probates Mittel im »Kampf gegen untragbar gewordene Institutionen«.[14] Als Begründer der Konservativ-Subversiven Aktion, einer Art völkisch gesinnter Widerstandsgruppe, habe ihn »immer sehr interessiert, wie sich Gruppen verhalten und bewegen, die machtlos sind, aber das Gefühl haben, dass ihre Zeit kommt«.[15] Bewegungen wie die der Situationisten und ebenso einzelne Aktionisten wie Dieter Kunzelmann oder Frank Böckelmann gelten ihm als inspirierende Vorbilder.

Ähnlich werden auch künstlerische Impulse der Avantgarde vereinnahmt, weil diese gelegentlich ebenfalls auf die Destruktion des verhassten Systems zielte und in manchen Fällen sogar totalitären Fantasien nicht abgeneigt war. So entwickelte etwa Salvador Dalí eine große Zuneigung zum Faschismus; andere Künstler verfolgten eher anarchische Ideale wie etwa in den Dada-Hochzeiten oder später im Punk. Insofern sind es durchaus Traditionsbestände der Moderne, die von Rechtsnationalen umgedeutet und auf typisch postmoderne Art rekontextualisiert werden. Ein Meister solcher Aktualisierungen ist der britische Blogger und Unternehmer Milo Yiannopoulos, der lauthals postulierte, die rechten Bewegungen seien ebendies: »der neue Punk, ein Akt der Rebellion in

14 Götz Kubitschek, *Provokation*, Schnellroda 2007, S. 46.

15 Thomas Wagner, *Die Angstmacher. 1968 und die Neuen Rechten*, Berlin 2017, S. 147.

einer Ära der politischen Korrektheit, der Safe Spaces, des Multikulturalismus und der Globalisierung«.[16] Yiannopoulos bekennt sich offen zu seiner Homosexualität, hetzt zugleich gegen Minderheiten und zeigt so, dass die Hybridisierung nur scheinbar unvereinbarer Lebensentwürfe keineswegs exklusiv dem progressiven Lager offensteht. Nicht ein restaurativer Essentialismus, vielmehr eine in ihrem Sinne definierte Hyperkultur ist das, was diesen Teil der konservativen, taktisch gesinnten Kämpfer auszeichnet und mit dem sie gegen den Status quo antreten.

In Yiannopoulos spiegelt sich keineswegs die gesamte neorechte Bewegung, zumal er als aggressiver Öffentlichkeitsarbeiter seit seinen Äußerungen zur Pädophilie erheblich an Geltung verloren hat. Sein steiler Aufstieg demonstriert gleichwohl, wie gut sich reaktionäres und künstlerisch freies Denken ergänzen können, solange es darum geht, Ressentiment und Hass zu schüren. »Fragen Sie sich selbst, was mehr Aufschrei verursachen würde: Ein CEO, der sagt, er sei Feminist, oder ein CEO, der sagt, er sei kein Feminist.«[17] Mit solchen Äußerungen stellt Yiannopoulos dem in seinen Augen konformistischen Nonkonformismus der Gegenwart eine freiheitliche Perspektive entgegen: Respektlos, aufmüpfig geht es ihm zufolge darum, den »Identitätsliberalismus« (Mark Lilla) zu überwinden. Das Autoritäre, das Autonome und

16 Milo Yiannopoulos, »Joy Villa Is Just The First Wave Of The New Conservative Counterculture«, in: *Breitbart* (15. Februar 2017), online verfügbar unter: {http://www.breitbart.com/milo/2017/02/15/joy-villa-trump-join-counter-culture/}.

17 Angela Nagle, *Kill all Normies. Online Culture Wars from 4Chan and Tumblr to Trump and the Alt-Right*, Winchester und Washington 2017, S. 29.

das Anarchische sollen ein Dreierbündnis eingehen, das die konservative Rebellion allkompatibel macht.

Umso seltsamer müssen jene Aufrufe wirken, in denen die Kunst ungebrochen als eine Kraft des Fortschritts, der selbstreflexiven Kritik und des Widerstands beschworen wird. »An die Künstler: Schreibt Theaterstücke. Malt, macht Skulpturen, führt etwas auf. Schreibt noch etwas. Denn wir brauchen euch mehr denn je.«[18] Mit diesen Worten wandte sich die Kulturredakteurin Katherine Brooks an die amerikanische Öffentlichkeit, nachdem Trump gewählt worden war. Appelle wie dieser unterstellen, dass jedwede Kunst weiterhin als Korrektiv begriffen werden könne, ja müsse, und die nötige Glaubwürdigkeit und die ästhetischen Mittel besäße, um eine andere, eine durchdringende und läuternde Wirkung zu entfalten. Unterlegt sind solche Äußerungen von einem geradezu heiligen Kunstverständnis, wie es etwa auch in Äußerungen des Schriftstellers Mario Vargas Llosa über die Literatur aufscheint, wenn er sagt, deren »bloße Existenz ist schon eine Manifestation von Rebellion«.[19]

In Äußerungen wie diesen bleibt die neue Wirklichkeit der Kulturkämpfe ausgeblendet. Zudem übersieht ein kunstbasierter kritischer Protest allzu leicht, dass nicht zuletzt er es ist, der den Populisten zugutekommt: Sie können sich unter an-

18 Katherine Brooks, »Dear Artists: We Need You More Than Ever«, in: *The Huffington Post* (11. November 2016), online verfügbar unter: {http://www.huffingtonpost.com.au/entry/political-art-in-a-trump-presidency_us_58235 8c5e4b0d9ce6fc05d24}.

19 »Literatur ist Rebellion«, Gespräch mit Mario Vargas Llosa, in: *Neue Zürcher Zeitung* (7. Juli 2016), online verfügbar unter: {https://www.nzz.ch/feuilleton/mario-vargas-llosa-im-gespraech-literatur-ist-re bellion-ld.104313}.

derem deshalb in vielen Teilen der Welt erfolgreich als die wahren Rebellen in Szene setzen, weil sie vorgeben, just gegen die unterstellte kulturelle Hegemonie des »linksversifften Systems« anzutreten.[20] Je wehrhafter also das kulturelle Milieu auftritt, desto besser eignet es sich als Feindbild. Gerade in der etablierten, der integrierten Kunst erblicken die Rechtspopulisten eine zentrale Stütze der Gegenwart, gegen die man aufzubegehren habe. Diese Kunst gehöre zum »Bevormundungskartell« des kulturellen Mainstreams, das abgeräumt werden müsse. Bevorzugt werden jene Künstler attackiert, die sich selbst zwar als subversiv begreifen, die aber nicht selten vom Staat gefördert werden (durch Kunsthochschulen, Stipendien und Museen) und schon deshalb den Populisten als Systemstabilisatoren gelten.

In einem Interview mit der *Bild*-Zeitung warnte der polnische Außenminister Witold Waszczykowski 2016 vor einem heraufziehenden »neuen Mix von Kulturen und Rassen«, vor einer »Welt aus Radfahrern und Vegetariern, die nur noch auf erneuerbare Energien setzen und gegen jede Form der Religion kämpfen«.[21] Der Liberalismus, die gesellschaftliche Modernisierung, der Wandel zum Kosmopolitismus erscheinen ihm als Bedrohung. Vergleichbar richtet sich der Unmut vieler Rechtspopulisten gegen jene ethisch grundierten Werte, die im Kunstsystem vertreten und beworben werden. In einem

20 Matthias Meisner, »AfD-Spitze rügt Höcke – aber kein Parteiausschluss«, in: *Der Tagesspiegel* (23. Januar 2017), online verfügbar unter: {http://www.tagesspiegel.de/politik/nach-rede-in-dresden-afd-spitze-ruegt-hoecke-aber-kein-parteiausschluss/19289098.html}.

21 »Haben die Polen einen Vogel?«, Interview mit Witold Waszczykowski, in: *Bild-Zeitung* (3. Januar 2016), online verfügbar unter: {http://www.bild.de/politik/ausland/polen/hat-die-regierung-einen-vogel-44003034.bild.html}.

Manifest unter dem Titel »Warum die Kultur wieder Kunst braucht«, veröffentlicht von der Identitären Bewegung Österreich, heißt es: »Die triefende Heuchelei und die saturierten Fleischmasken der wohlgenährten wie demonstrativ progressiven Gegenwartsbourgeoisie lassen sich in ihrem natürlichen Umfeld am besten im sogenannten Kulturbetrieb beobachten.«[22]

Die Kritik wird als unkritisch abgewertet, die Künstler als Leitbilder eines verkommenen Establishments bekämpft. Manche dieser attackierten Künstler spüren dieses Dilemma und die darin zum Ausdruck kommende tektonische Verschiebung. Sie merken, dass die anschwellenden Wut- und Hassgesänge auch ihnen gelten – und dass die Freiheit der Kunst durch diese Rebellion von rechts schon deshalb gefährdet ist, weil sie die eingeübten Rollenverhältnisse durchkreuzt und vorführt, dass die Freiheit selbst die Unfreiheit in sich trägt.

Doch statt gegen diese Rebellion anzutreten und nach einem anderen, liberalen Universalismus zu fahnden, fügen sich viele der etablierten Künstler in die ihnen zugewiesene Funktion: Sie werden zu Bewahrern liberaler Errungenschaften, zu Konservativen, die den Status quo verteidigen. So warb der Fotograf Wolfgang Tillmans im Sommer 2016 für Englands Verbleib in der EU und im Sommer 2017 dafür, dass möglichst viele Menschen in Deutschland von ihrem Wahlrecht Gebrauch machen sollten, um die Populisten der AfD kleinzuhalten. Zudem tat er sich mit dem Architekten Rem Koolhaas zusammen, um eine Imagekampagne für die Europäische Union zu ersinnen, weil »das heutige Europa

22 Zitiert nach Saskia Trebing: »Wie die Neue Rechte die Kunst kapert«, in: *Monopol. Magazin für Kunst und Leben* (Februar 2018), S. 18f.

das beste Europa ist, das es je gab«, und beschützt werden müsse.[23]

Hatte sich eine linke Kunst für gewöhnlich als Gegner der bestehenden Ordnung verstanden, als skeptisch, widerborstig und staatsfern, trat Tillmans nun an, ebendiese Ordnung zu wahren. Hier zeigte sich beispielhaft, dass der lange auch im Kunstmilieu populäre Antiinstitutionalismus – »Nieder mit dem Schweine-System!« – als sinnlos empfunden wird, sobald die Institutionen zerfallen oder von rechten Antiinstitutionalisten wie Trump oder Bannon appropriiert werden.

Die seltsam schizophrene Haltung vieler Künstler, progressiv und ebenso systemstabilisierend sein zu wollen, ist nicht untypisch. Insgesamt habe sich in der Linken, sagte Sighard Neckel, ein »normativer Relativismus« breitgemacht. Dieser Relativismus hat notwendigerweise keinen Wertekanon, auf den er sich beziehen könnte, und propagiert doch, in einem performativen Selbstwiderspruch, strikte Konventionen, die auf Werten basieren. Damit handelt er sich, so Neckel, den Vorwurf ein, »die Werte, auf die man sich bezieht, nur zum eigenen Vorteil zu verwenden«. Zudem sei die linke Position dadurch charakterisiert, dass sie »immer für Öffnung« sei, wodurch »wir faktisch zu Parteigängern einer Globalisierung geworden sind, die zahlreiche negative Auswirkungen hat«.[24] So habe man sich »nun die Reaktionen der Aufsässigkeit und die Lust an der Übertretung eingehandelt«.

23 Monopol, »Tillmans und Koolhaas rufen zur Imagekampagne für EU auf«, in: *Monopol. Magazin für Kunst und Leben* (26. März 2018), online verfügbar unter: {https://www.monopol-magazin.de/tillmans-und-koolhaas-rufen-zur-imagekampagne-fuer-eu-auf}.

24 »Kulturelle Ressourcen. Sabine Hark und Sighard Neckel im Gespräch über Ressentiments und Rachegefühle«, in: *Texte zur Kunst* 106 (2017), S. 42-63, hier S. 57ff.

Ähnlich beurteilte es der Literaturwissenschaftler Albrecht Koschorke: Das »liberale Projekt« erscheine »als innere Angelegenheit einer vorrangig mit sich selbst beschäftigten Elite«. Und weil diese Elite als Feindbild gilt, werden ihre Werte angefeindet. So werde »den Verhaltensnormen und dem kulturellen Kapital der Liberalen die beanspruchte Allgemeingültigkeit aberkannt«.[25]

Wohl nie wäre es zur Übersiedlung des rebellischen Geists in ein konservativ-fundamentalistisches Lager gekommen, hätte sich nicht zugleich der Liberalismus in weiten Teilen diskreditiert. Er sei »gescheitert, weil er gesiegt hat«, schreibt der Politologe Patrick Deneen. Je erfolgreicher der Liberalismus wurde, desto stärker habe er »zu sich selbst gefunden« und seine »inneren Selbstwidersprüche« offenbart. »Er entwickelte pathologische Züge, in denen sich zugleich Deformationen seiner Ansprüche als auch die Verwirklichung liberaler Ideologie zeigen.«[26] Eine politische Philosophie, die aufgebrochen war, für größere Gleichheit zu sorgen, ein pluralistisches Gewebe verschiedener Kulturen und Überzeugungen zu verteidigen, die menschliche Würde zu schützen und die Freiheit zu erweitern, habe in Wahrheit zu »titanischer Ungleichheit« geführt, »zu materiellem und geistigem Verfall« und einer Unterhöhlung der Freiheit. All diese Symptome durch noch mehr Liberalismus bekämpfen zu wollen werde »die politische, soziale, ökonomische und moralische Krise nur vertiefen«. Die Atomisierung der Gesellschaft, die den Menschen herauslöse aus seinen traditionellen Bindun-

25 Albrecht Koschorke, »Wenn das Warten kein Ende nimmt«, in: *Die Zeit* 16 (2017), S. 42.

26 Patrick J. Deneen, *Why Liberalism Failed. Politics and Culture*, New Haven 2018, S. 3f.

gen und Kulturen, lasse sich durch weitere Deregulierung nicht aufheben.

Verschärft werden die Selbstwidersprüche dadurch, dass der Liberalismus in der Digitalmoderne ein technisches Medium gefunden hat, das seine eigene Polyvalenz verstärkt. Das Netz verspricht totale Verfügbarkeit, den permanenten, ortsunabhängigen Zugang zu allem und jedem für alle und jeden. Damit aber nivelliert es das Spezifische und Exklusive, das es zugleich befördert: Es macht sichtbar und unsichtbar zugleich. Es deterritorialisiert das Eigene und ermutigt im selben Augenblick die Tribalisierung globaler Affektgemeinschaften. Daher kommt es zu der paradoxen Entwicklung, dass sich manche Bürger der digitalmodernen Demokratien freier denn je fühlen dürften und doch als machtlos empfinden.

Es ist die extreme Dezentrierungserfahrung der Digitalmoderne, die das Individuum dazu auffordert, sich fürderhin selbst als Oberzentrum zu begreifen. Zugleich kann es sich schon deshalb nicht als wahrhaft bemächtigt erfahren, weil nun ebenso die anderen Individuen als potenzielle Oberzentren auftreten und es folglich kein Zentrum mehr gibt. Vor allem aber ist die Macht trotz aller Verheißungen nicht so fluide geworden wie die Alltagsgewissheiten, vielmehr bündelt sie sich oftmals in hypernationalen Konzernen und Institutionen. Daher müssen die einerseits auf ihre Selbstbestimmtheit verwiesenen Individuen es anderseits hinnehmen, dass viele ihrer Bestimmungen bestimmt werden, beispielsweise von den Monopolen der Internetwirtschaft, von denen nie gewiss ist, welche Daten sie über den Einzelnen sammeln, um dessen freien Willen zu manipulieren. So haben die Einzelnen die Macht und die Ohnmacht ganz für sich.

Diese Entwicklung kommt den rechten Rebellen zugute: In ihren autoritären Strukturen ist die Ohnmacht wieder eine geteilte, sie wird gesellschaftlich. Und auch die Macht lässt sich hier als Kollektiv erfahren, denn die klare Abgrenzung zwischen »Wir« und »Ihr« verheißt tiefen Halt. Daher kann die illiberale Demokratie als attraktiv erscheinen: Weil sie von manchen als Befreiung *von* der Freiheit erfahren wird. Unfreiheit entlastet, nicht länger ist das Individuum gezwungen, sich immerzu für seine Individualität zu entscheiden. Diese Zwanglosigkeit wiederum vermögen die Rechtsrebellen als Befreiung *der* Freiheit auszudeuten. Und so entsteht der Eindruck, die Illiberalität betreibe eine zweifache Loslösung: erstens von den Zumutungen einer liberalen Offenheit, die mit einer totalen Relativierung gleichgesetzt wird, zweitens von den Einengungen und Ausschlüssen, die ein Hyperindividualismus hervorbringt, wenn er die Relativierung durch identitätspolitische Essentialismen zu kompensieren versucht.

Für die Kunst bedeutet das: Während ihre Freiheit in den liberalen Gesellschaften segmentiert wird, vermag sie in der Illiberalität einen neuen, überwölbenden Charakter zu gewinnen, in manchen Fällen national-patriotisch aufgeladen wie in Ungarn oder Polen. Unter diesem überwölbenden Schirm und geschützt durch klare Freund-Feind-Bilder ist es ihr sogar gestattet, auf hybride, subkulturelle, postmoderne Weise zu operieren, denn erst diese Hybridität ist es, die gegen die Essentialismen der Empfindlichkeitskulturen und des Moralkults eine rebellische Gegenkraft entfaltet. Die harte, autoritäre Schließung nach außen erlaubt der Illiberalität nach innen eine Öffnung; umgekehrt neigt die Liberalität dazu, sich unbegrenzt nach außen zu öffnen und im Inneren erst jene Atomisierung hervorzubringen, die dann ihrerseits Not- und Kleinbündnisse, also partikularisierende Binnengrenzen, entstehen lässt.

Folglich scheitert nicht nur der Liberalismus, »weil er gesiegt hat«, auch die Freiheit der Kunst entwickelt pathologische Züge. In den neuen Kulturkämpfen wird die Krise des Liberalismus, sein »geistiger Verfall«, sogar besonders plastisch und die abstrakten Krisenphänomene werden symbolisch aufgeladen. Schließlich verdankt sich die freie Kunst einer liberalen Geisteshaltung, und viele begreifen sie als Inbild dieser Haltung. Es war die Kunst, die dem Individuum eine größtmögliche Freiheit zugestand, damit es sich selbst und womöglich eine höhere Wahrheit finde und auf diese Weise die Gesellschaft zu eigener Freisinnigkeit anregen könne. Insbesondere die Avantgarden träumten diesen Traum einer voraussetzungslosen Selbstschöpfung, in der sich der Einzelne und das Kollektiv ganzheitlich verbinden. Es brauchte keine besonderen Talente, brauchte nicht Könnerschaft oder Genie, um so wie Marcel Duchamp mit einem als Kunstwerk deklarierten Flaschentrockner berühmt zu werden. Es brauchte nur den Willen zum Ich, um die Alltagswirklichkeit in den Freiheitsraum der Kunst zu translozieren – und sie also ebenfalls freizusetzen von allen bisherigen Funktionen und Deutungen. Nicht die Fixierung auf feste Identitäten war die Bestimmung dieser liberalen Kunst, vielmehr zog sie alle und alles hinein in ein Spiel befreiender, universell gemeinter Wandelbarkeit.

Erst in diesem universellen Anspruch konnte sie zur Verheißung eines allen gleichermaßen zugänglichen Weltinnenraums werden. Ohne dieses Ideal wäre das Universalmuseum nicht entstanden. Es gäbe keinen Titel namens Weltkulturerbe, der von der Unesco vergeben wird. Ebenso galt die moderne Kunst lange als Lingua franca der Gegenwart, eine Weltsprache, die jeder verstehen könne und die also alle verbinde.

Je weiter nun aber das liberale Freiheitsversprechen wie die Idee eines progressiven Universalismus in die Krise geraten, desto empfindlicher werden die ideellen Grundlagen der Kunst getroffen. Die Krise des Liberalismus ist die Krise der Kunst, und schon allein deshalb eignet sie sich bestens als Schauplatz gesellschaftlicher Kontroversen um die Grenzen der Freiheit und ihre moralische Einhegung. Erst aus ihrer »Überfrachtung als der großen Erlöserin« erklärt sich, was viele der Kämpfe nun prägt: »eine totalitaristische Moralisierung der Kunst, die Macht verlangt, wo von Ohnmacht, Fragilität, Ungesichertheit, Zweifelhaftigkeit zu reden wahrhaftiger wäre«.[27]

Dieses fragile, ungesicherte Spiel der Kunst, ihr Versprechen auf Wandelbarkeit, vermochte soziale, emanzipatorische Fantasien zu befeuern, solange Wandel noch Befreiung hieß. Da aber nun Freiheit vor allem als Atomisierung und Ohnmacht wahrgenommen wird, gilt der Wandel auch im Spiel der Kunst nicht mehr als Versprechen und also werden ihrer Freiheit die Grenzen der Moral eingezogen.

Aus dem uneigentlichen Sprechen der Kunst soll ein gerichtetes werden, ihr Als-ob wird nicht länger verstanden, das zeigt sich in vielen der Kulturkämpfe. Eine neue Buchstäblichkeit, die zwischen Fiktion und faktischer Welt nicht unterscheiden mag, zeugt davon, dass die Kunst als relativierende Kraft kaum mehr gewollt wird. Ihre Scheinhaftigkeit unterliegt dem Verlangen nach Seinsgewissheit. Dass sich das Subjekt der Kunst »immer wieder selbst zur Disposition

27 Leonhard Emmerling: »Zur Ohnmacht der Kunst«, in: Leonhard Emmerling und Ines Kleesattel (Hg.), *Politik der Kunst. Über Möglichkeiten, das Ästhetische politisch zu denken*, Bielefeld 2017, S. 101-120, hier S. 117.

stellen« müsse, auch um Abstand zur »Rolle als Teilnehmer an einer sozialen Praxis« zu gewinnen, diese Anforderung wird in den Kulturkämpfen von vielen zurückgewiesen.[28]

Sie antworten auf die Zumutungen des Liberalismus – und also ebenso auf die Zumutung einer freien Kunst – nicht mit dem Versuch, sich noch weiter »zur Disposition« zu stellen. Im Gegenteil, sie wollen Position beziehen, verlässlich und bestimmt. Es verlangt sie nach tragender Gewissheit, nach Fundamenten, und nicht selten droht aus diesem Verlangen ein Fundamentalismus zu werden, religiös oder auch nationalistisch geprägt. Der Philosoph Christoph Menke nennt diesen Fundamentalismus »ein wirklich bestehendes Problem im Liberalismus«.[29] Es zeige sich hier, »dass der Dreiklang aus Kapitalismus, Demokratie und Recht, überwölbt oder begründet durch Kultur, heute nicht mehr funktionieren kann«.

Wenn aber die Überwölbung verloren geht und die Gründung durch Kultur nicht mehr trägt, wird das fundamentalistische Verlangen nur noch größer. Das erklärt womöglich, warum in den Kämpfen um die Kunst so viel Hitze ist und so wenig Licht. Die Kämpfe verstärken sich selbst, denn sie ringen um eine Gewissheit, die in dem Maße verloren geht, in dem sie erkämpft werden muss.

Zusammen mit der Gewissheit schwindet – und das ist die eigentliche Bedrohung – ebenso das Ungewisse der Kunst, ihre schöne, funkelnde Polyvalenz. Sie ist das wahre Opfer

28 Juliane Rebentisch, *Die Kunst der Freiheit*, Frankfurt a.M. 2011, S. 20.

29 »Unsere Zerrissenheit ist doch das Beste an der Moderne, was wir haben!«, Gespräch mit Christoph Menke, in: *Die Zeit* 20 (2017), S. 44.

der neuen Kulturkämpfe. Sie wird von den einen gehasst und von den anderen missbraucht. Die einen schreckt die Polyvalenz, weil das Moralische für sie mehr Gewicht hat und Moral nach Eindeutigkeit verlangt. Die anderen instrumentalisieren die Polyvalenz, um ihr Ziel, die Illiberalität, verlockend schillern zu lassen. Die einen wie die anderen machen die Freiheit unfrei.

Für die Kunst kann das allerdings – in einer weiteren scharfen Volte – zur guten Nachricht werden. Es heißt, dass ihre Unabsehbarkeit noch immer erhebliche Kräfte freisetzt. Kräfte, die den einen gefährlich vorkommen und den anderen derart wirkmächtig, dass sie sich ihrer auf missbrauchende Weise bedienen. Die Kunst ist der Welt nicht gleichgültig, das offenbaren die Kulturkämpfe.

Sie wird eingespannt, eingehegt, eingeengt, weil sie für das Freie steht, für einen anarchischen Geist, der gebändigt werden soll, weil sich sonst ja nichts bändigen lässt, nicht die ökonomische, politische, soziale Unfreiheit. Die Kunst soll unfrei werden, weil die Welt unfrei ist. Das heißt aber, dass sie ihre Freiheit neu beweisen muss. Die Kunst muss daran erinnern, dass ihre Freiheit anders ist als die ökonomische, politische, soziale. Ihre Freiheit ist eine, die zu nichts verpflichtet und die nicht hilflos macht: eine Freiheit ohne Zwang.

Sie ist spielerisch und liebt das Absurde, sie hat einen Sinn fürs Anarchische, sie öffnet die Enge der Wirklichkeit und vermag eine Kraft freizusetzen, die keinem der verbissenen Kulturkämpfer zu eigen ist: die Kraft der Einbildung. Diese Kraft muss keine Rücksicht nehmen, sie darf sich verschwenden, sie ist, wenn es gut geht, nicht von dieser Welt. Daher weist sie über den Liberalismus hinaus, über den Illiberalismus ohnehin. Allein in der Einbildungskraft vermag die Kunst ihre Freiheit neu zu finden.